I0008500

Éthique et Intelligence

AURORA AMORIS

ÉTHIQUE ET INTELLIGENCE

Questions de Moralité à l'ère de l'IA

2025

Éthique et Intelligence

Aurora Amoris

CONTENU

CHAPITRE 1

Intelligence artificielle et éthique: questions fondamentales

1.1. Intelligence artificielle et droits de l'homme

L'intelligence artificielle (IA) fait désormais partie intégrante des sociétés modernes et influence de nombreux aspects de nos vies. Face à son expansion croissante, il est crucial d'évaluer son impact potentiel sur les droits humains.

L'une des principales préoccupations concernant l'IA et les droits humains est la question de la confidentialité. Les structures d'IA nécessitent souvent d'importantes quantités de données personnelles pour fonctionner efficacement, ce qui peut susciter de nombreuses inquiétudes quant à la protection de la vie privée. Ces structures peuvent collecter, enregistrer et traiter des données sensibles concernant les individus, telles que les dossiers médicaux, les données financières et les risques personnels. En cas de mauvaise gestion, ces données peuvent être exploitées, entraînant des atteintes à la vie privée et une violation du droit d'une personne à contrôler ses données personnelles.

Le recours croissant à l'IA pour des tâches telles que la surveillance et l'analyse prédictive complexifie également la problématique de la protection de la vie privée. L'IA permet la collecte massive d'informations et la surveillance en temps réel des individus, portant potentiellement atteinte à leur droit à la vie privée et à la protection contre toute surveillance injustifiée.

Dans certains cas, l'utilisation de l'IA à des fins de surveillance peut même conduire à des excès de pouvoir et à des pratiques autoritaires, menaçant ainsi les libertés individuelles.

À mesure que les structures d'IA se perfectionnent, il devient crucial de garantir la protection des données. Des cadres réglementaires stricts sont nécessaires pour protéger le droit à la vie privée des individus et établir des directives claires sur la manière dont les données personnelles doivent être traitées, exploitées et partagées. L'utilisation éthique de l'IA doit privilégier les droits humains, notamment le droit à la vie privée, afin d'éviter toute utilisation abusive.

L'IA a la capacité de renforcer les préjugés sociaux actuels et de perpétuer la discrimination. Les machines qui acquièrent des connaissances sur les algorithmes s'appuient souvent sur des données historiques pour effectuer leurs choix. Si ces statistiques sont biaisées, l'IA peut également refléter ces biais dans ses résultats. Ceci est particulièrement préoccupant lorsque l'IA est utilisée dans des domaines tels que le recrutement, le maintien de l'ordre et le crédit, où des choix biaisés peuvent avoir des conséquences importantes pour les individus.

Par exemple, les structures d'IA utilisées dans les stratégies de recrutement peuvent également privilégier certains groupes démographiques par rapport à d'autres, en se basant sur des statistiques biaisées reflétant des inégalités historiques. De même, les algorithmes de police prédictive peuvent cibler de manière disproportionnée les communautés marginalisées, renforçant ainsi le racisme et la discrimination systémiques.

Il est essentiel de lutter contre les biais liés à l'IA pour garantir le respect des droits humains, notamment le droit à l'égalité et à la non-discrimination. Il est essentiel de développer des systèmes d'IA transparents et responsables, dotés de mécanismes permettant de détecter et d'améliorer les algorithmes biaisés. De plus, garantir la diversité au sein des groupes qui créent des technologies d'IA peut contribuer à atténuer les biais et à garantir l'intégrité et la justice de ces structures.

Un autre problème répandu en matière de droits humains lié à l'IA est la fracture numérique, c'est-à-dire l'écart entre ceux qui ont accès aux technologies avancées et ceux qui n'y ont plus accès. Si l'IA a le potentiel de stimuler le développement et d'améliorer les conditions de vie, ses bienfaits ne sont pas forcément répartis de manière équitable. Les populations des communautés défavorisées ou des pays en développement peuvent également manquer des ressources ou des infrastructures nécessaires pour accéder à l'IA, ce qui accentue les inégalités actuelles.

Cette disparité d'accès aux technologies de l'IA peut entraîner une marginalisation accrue des populations vulnérables, les privant de la possibilité de bénéficier des progrès en matière de santé, d'éducation et d'emploi. Dans le contexte des droits humains, le droit d'accéder aux technologies et au monde numérique est de plus en plus perçu comme crucial. Des efforts doivent être déployés pour combler la fracture numérique en veillant à ce que l'IA soit accessible à tous, indépendamment de leur situation géographique ou de leur statut socio-économique.

L'essor de l'IA et de l'automatisation pose également des défis aux droits du travail, notamment en termes de mobilité des personnes. Les systèmes d'IA et les robots sont de plus en plus utilisés pour effectuer des tâches traditionnellement effectuées par des personnes, ce qui entraîne des problèmes de perte d'emploi et d'inégalités économiques. Dans des secteurs comme la production, les transports et le service client, l'IA a le potentiel de remplacer les humains, laissant de nombreuses personnes sans emploi.

Du point de vue des droits humains, le droit au travail est fondamental. Il est crucial de lutter contre les effets néfastes de l'IA sur l'emploi en élaborant des politiques qui défendent les droits des travailleurs face à l'automatisation. Ces politiques pourraient également inclure des programmes de reconversion, des filets de sécurité sociale et des projets visant à garantir que l'IA soit utilisée en complément du travail humain, plutôt qu'en remplacement.

L'IA offre à la fois des possibilités et des défis en matière de droits humains. D'un côté, elle a la capacité d'améliorer la qualité de vie, d'améliorer l'accès aux services et de contribuer au progrès social. De l'autre, mal gérée, elle peut exacerber les atteintes à la vie privée, favoriser la discrimination et créer des inégalités économiques. Pour garantir que l'IA respecte et protège les droits humains, il est essentiel de mettre en place des règles éthiques, des cadres réglementaires et des mécanismes de surveillance solides. Face à l'évolution constante de l'IA, il est crucial de privilégier les droits humains dans son développement et son déploiement afin de créer une société juste et équitable pour tous.

1.2. Questions morales de l'IA

Le développement et l'intégration de l'intelligence artificielle (IA) dans de nombreux secteurs de la société soulèvent de profondes questions éthiques qui nécessitent un examen attentif. L'IA transforme le paysage technologique, mais elle soulève également des questions complexes sur la responsabilité, l'éthique et l'avenir de l'humanité. Les enjeux éthiques posés par l'IA dépassent les compétences de la technologie elle-même; ils concernent la manière dont les systèmes d'IA sont conçus, utilisés et mis en œuvre dans la société.

L'un des enjeux éthiques les plus urgents liés à l'IA est la responsabilité. À mesure que les systèmes d'IA deviennent plus autonomes et capables de prendre des décisions, il deviendra de plus en plus difficile d'identifier les responsables lorsque ces structures commettent des erreurs ou causent des dommages. Par exemple, dans le contexte des véhicules autonomes, si un coup du sort se produit, on peut se demander si la responsabilité incombe au constructeur, aux développeurs de logiciels ou aux personnes qui possèdent et conduisent le véhicule.

Cette ambiguïté quant à la responsabilité soulève des questions morales fondamentales. Si un dispositif d'IA prend une décision entraînant des dommages, comment la responsabilité doit-elle être déterminée ? Un dispositif peut-il être tenu moralement responsable de ses actions, ou la faute est-elle toujours imputée à ses créateurs ou à ses opérateurs ? Ces questions remettent en question les notions traditionnelles de responsabilité, généralement fondées sur l'action et la volonté humaines. À mesure que les systèmes d'IA gagnent en indépendance, le besoin de nouveaux cadres juridiques et de nouvelles règles éthiques pour répondre à ces problématiques deviendra crucial.

L'IA peut potentiellement apporter des avantages considérables, mais elle présente également des risques, notamment lorsqu'elle est utilisée selon des méthodes mal réglementées ou contrôlées. La capacité de l'IA à induire des dommages est particulièrement préoccupante dans des domaines tels que la santé, la justice pénale et la guerre. Par exemple, les algorithmes basés sur l'IA utilisés dans la police prédictive ou la détermination des peines devraient atténuer les préjugés existants et les pratiques discriminatoires, de même que l'IA utilisée dans les drones militaires pourrait être utilisée pour mener des frappes autonomes avec une faible surveillance humaine.

La possibilité d'une utilisation malveillante de l'IA, notamment dans le cadre de deepfakes ou de cyberattaques, accroît également les inquiétudes éthiques. Ces systèmes d'IA serviront à manipuler les individus, à diffuser de fausses informations et à déstabiliser les sociétés. Entre de mauvaises mains, l'IA pourrait être instrumentalisée et causer des dommages considérables. Ainsi, l'une des principales préoccupations éthiques concernant l'IA est de s'assurer qu'elle est utilisée de manière responsable et que des mesures de protection appropriées sont mises en place pour prévenir toute utilisation abusive.

Un autre problème éthique répandu concernant l'IA est la question de l'autonomie. À mesure que les structures d'IA deviennent plus aptes à prendre des décisions sans intervention humaine directe, elles apparaissent de plus en plus comme des acteurs autonomes. Cela soulève des questions sur la nature des décisions prises par l'IA et sur la capacité des machines à prendre des décisions morales. Peut-on faire confiance à un système pour prendre des décisions moralement fondées, ou la notion d'entreprise éthique est-elle intrinsèquement humaine ?

Dans certains cas, les structures d'IA peuvent être programmées pour suivre des principes éthiques, notamment les « Trois lois de la robotique » inspirées par Asimov. Cependant, ces règles sont loin d'être optimales et peuvent ne pas prendre en compte la complexité des conditions réelles du monde. De plus, les structures d'IA ne peuvent fonctionner que selon les paramètres définis par leurs créateurs, ce qui peut les amener à reproduire les biais, les préjugés et les manquements éthiques de leurs concepteurs.

La question de l'autonomie de l'IA suscite également des inquiétudes quant au rôle du contrôle humain. Les structures d'IA doivent-elles être autorisées à prendre des décisions entièrement autonomes, ou les humains doivent-ils toujours avoir le dernier mot ? Il existe un équilibre délicat entre donner à l'IA les moyens de prendre des décisions et préserver le contrôle humain afin de garantir que ces décisions soient conformes aux valeurs éthiques et morales.

L'un des domaines d'application de l'IA les plus controversés concerne les technologies militaires et de défense. Son utilisation dans les systèmes d'armes autonomes, notamment les drones et les robots, soulève d'importantes questions éthiques et morales quant au rôle des machines en situation de conflit. La capacité de l'IA à prendre des décisions de vie ou de mort sans intervention humaine a suscité des débats sur la moralité de la délégation de ces décisions cruciales aux machines.

Les partisans de l'IA en temps de guerre affirment que les structures d'IA pourraient être plus spécifiques et plus puissantes que les êtres humains, réduisant potentiellement les pertes civiles et améliorant la performance des opérations militaires. Cependant, les critiques affirment que l'utilisation de structures d'armes autonomes pourrait provoquer une escalade incontrôlable, les machines prenant des décisions basées sur des algorithmes plutôt que sur le jugement humain. On craint également que les armes alimentées par l'IA puissent être utilisées par des régimes oppressifs pour mener des guerres injustes ou réprimer la dissidence.

Le dilemme éthique de l'IA au combat réside dans la question de savoir s'il est moralement idéal de permettre aux machines de prendre des décisions de vie ou de mort. Les machines peuvent-elles appréhender les complexités de la guerre et le coût de la vie humaine, ou exécutent-elles simplement des instructions programmées ? Les implications éthiques de l'IA en temps de guerre sont vastes et doivent être soigneusement prises en compte à mesure que ces technologies continuent de se développer.

À mesure que les technologies d'IA s'intègrent de plus en plus dans divers secteurs, un phénomène de déshumanisation du travail se développe. Les machines sont de plus en plus capables d'effectuer des tâches autrefois accomplies par des humains, du travail manuel à la prise de décision complexe.

Cela soulève la question de l'impact potentiel du rôle croissant de l'IA sur la dignité humaine et le coût du travail humain.

Les implications éthiques de l'IA au sein des équipes de travail vont au-delà des craintes de suppression d'emplois. L'IA risque de contribuer à une société où les êtres humains seraient considérés comme remplaçables et où leurs rôles seraient réduits à des responsabilités répétitives ou subalternes. Dans une telle situation, la dimension humaine du travail pourrait s'estomper, laissant les individus sans véritable sens de la raison ni épanouissement professionnel.

De plus, les systèmes d'IA utilisés dans le recrutement, l'évaluation des performances et d'autres aspects des ressources humaines pourraient contribuer à de nouvelles formes de discrimination, renforçant ainsi les inégalités sociales existantes. La mission éthique consiste à garantir que l'IA soit utilisée de manière à préserver la dignité et le bien-être humains, plutôt qu'à les porter atteinte.

Dans le domaine de la santé, l'IA offre la possibilité de réaliser des diagnostics avancés, de personnaliser les traitements et d'améliorer l'efficacité des structures de soins. Cependant, son utilisation dans ce domaine soulève également d'importantes questions éthiques. Par exemple, les systèmes d'IA utilisés pour la prise de décisions médicales doivent être conçus de manière à privilégier le bien-être des patients et à respecter leurs droits. L'IA risque d'être utilisée pour prendre des décisions privilégiant la rentabilité aux soins, ce qui pourrait conduire à des situations où les personnes seraient traitées comme des données et non comme des personnes.

Une autre difficulté éthique dans le domaine de la santé réside dans la question du consentement éclairé. À mesure que les systèmes d'IA s'impliquent davantage dans les diagnostics et les traitements scientifiques, les patients doivent être pleinement informés du rôle de l'IA dans leurs soins. Ils doivent avoir le droit de choisir d'être traités par des systèmes pilotés par l'IA et doivent être assurés que ces structures sont transparentes, fiables et responsables.

Les enjeux éthiques liés à l'IA sont complexes et multiformes, allant des questions de responsabilité et d'obligation à des enjeux d'autonomie, de respect de la vie privée et de risque de préjudice. À mesure que l'IA évolue, il est essentiel de répondre à ces enjeux par des cadres éthiques et des mesures réglementaires réfléchis. L'objectif doit être de garantir que l'IA soit développée et utilisée de manière à respecter les valeurs humaines et à promouvoir le bien-être de la société. Les défis éthiques posés par l'IA ne sont pas seulement techniques; ils concernent essentiellement la manière dont nous, en tant que société, choisissons de définir et de respecter des normes éthiques face aux avancées technologiques inattendues.

1.3. L'évolution de la pensée éthique

La notion éthique a connu un développement remarquable au fil des siècles, façonné par les avancées philosophiques, culturelles et technologiques. À mesure que l'humanité progresse, notre connaissance de la morale évolue également, face aux nouveaux défis et dilemmes engendrés par les changements sociétaux, technologiques et environnementaux.

Les origines de la morale remontent aux civilisations historiques, où les philosophes ont commencé à s'interroger sur les questions du bien et du mal, de la justice et de la distinction. Dans la Grèce antique, des penseurs comme Socrate, Platon et Aristote ont posé les bases de la philosophie morale occidentale. L'importance accordée par Socrate à l'examen de conscience et à la recherche de la vertu morale par l'expérience a influencé des générations de penseurs. L'idéalisme de Platon présentait la vision d'un univers ordonné et rationnel, où les actions éthiques s'alignaient sur la recherche de la vérité et de la justice. Aristote, quant à lui, a développé une approche plus rationnelle de l'éthique, en se concentrant sur la notion d'éthique de la distinction. Selon lui, vivre une vie éthique revenait à cultiver un comportement vertueux conduisant au développement de la personne juste.

En Orient, les systèmes éthiques anciens, comme le confucianisme, le bouddhisme et l'hindouisme, ont également exploré les normes morales, mettant l'accent sur l'harmonie, la compassion et la quête de l'éveil spirituel. L'éthique confucéenne, par exemple, mettait l'accent sur l'importance des relations, du respect de l'autorité et de l'harmonie sociale, tandis que le bouddhisme prônait la réduction de la souffrance et le développement de la compassion par la pleine conscience et la méditation.

Au Moyen Âge, les idées éthiques ont été fortement influencées par la doctrine spirituelle, notamment dans les religions abrahamiques. Dans le christianisme, le judaïsme et l'islam, les normes éthiques étaient fondées sur les commandements divins et la volonté de Dieu. Des philosophes comme saint Augustin et Thomas d'Aquin ont intégré la philosophie classique aux enseignements religieux pour façonner des systèmes éthiques qui ne s'intéressaient pas seulement aux actions humaines, mais aussi à l'objectif ultime du salut et de l'au-delà.

La pensée morale médiévale s'articulait fréquemment autour des questions de moralité dans le contexte des responsabilités spirituelles, de la justice et du péché. À cette époque, l'idée de loi naturelle s'est développée, affirmant que les normes morales découlaient de la nature humaine et du monde qui nous entoure, créés par Dieu. La conception du commandement divin, postulant que les mouvements éthiques étaient ceux qui s'alignaient sur la volonté de Dieu, a dominé une grande partie du discours moral à cette époque.

Les Lumières ont marqué un tournant décisif dans la pensée éthique, l'accent étant passé des commandements divins à la motivation humaine et à l'autonomie individuelle. Des penseurs comme Emmanuel Kant, John Locke et Jean-Jacques Rousseau ont mis en doute l'autorité traditionnelle et le rôle de la foi dans la formation des structures morales. L'éthique déontologique de Kant, par exemple, soulignait l'importance de la responsabilité et de la réglementation éthique, affirmant que les individus devaient agir conformément aux normes communes que tout être rationnel pouvait vouloir. Pour Kant, la moralité ne se résumait plus aux effets des actions, mais aux intentions qui les sous-tendent, guidées par un but et un impératif explicite.

Le concept de contrat social de John Locke a inspiré l'éthique politique actuelle, soulignant l'importance des droits individuels et le rôle du gouvernement dans leur protection. Les idées de Rousseau sur la démocratie et l'égalité ont mis en lumière l'importance morale des choix collectifs et la justesse de leurs décisions.

Les Lumières ont également vu l'essor de l'utilitarisme, défendu par des figures comme Jeremy Bentham et John Stuart Mill. L'utilitarisme postulait que l'action juste est celle qui produit le plus grand bonheur pour le plus grand nombre. Cette idée conséquentialiste a déplacé l'accent des choix éthiques des responsabilités ou des lois éthiques vers les conséquences des actes, ouvrant la voie à une approche plus rationnelle de l'éthique, transposable aux questions sociales et politiques.

Dans la génération d'avant-garde, la pensée morale a continué de se diversifier, portée par les progrès technologiques, temporels et philosophiques. L'industrialisation et la mondialisation ont engendré de nouvelles exigences morales, notamment en matière de justice sociale, de droits humains et d'inégalités économiques. L'essor de l'existentialisme, porté par des philosophes comme Jean-Paul Sartre et Simone de Beauvoir, a mis l'accent sur la liberté de caractère, la responsabilité et la quête de sens dans un univers souvent isolé. L'éthique existentialiste a rejeté les lois morales habituelles et s'est concentrée sur l'importance du choix personnel et de l'authenticité.

Le XXe siècle a également vu le développement du relativisme éthique, qui rejetait le concept de vérités morales absolues et soutenait plutôt que les valeurs et les normes morales avaient été façonnées par les contextes culturels, historiques et sociaux. Cette vision remettait en cause l'universalité des concepts éthiques, suggérant que les jugements éthiques étaient subjectifs et dépendants des caractères ou des perspectives sociétales.

Le postmodernisme a également complexifié la pensée éthique en réfléchissant aux fondements mêmes de la compréhension et de la moralité. Des philosophes postmodernes comme Michel Foucault et Jacques Derrida ont critiqué les grands récits de l'éthique traditionnelle, suggérant que les systèmes éthiques étaient le produit de relations de pouvoir et de constructions sociales. Le postmodernisme a rejeté l'idée de vérités objectives et consacrées, se concentrant plutôt sur la fluidité et la contingence des valeurs éthiques.

À l'aube du XXIe siècle, le développement rapide de la technologie, notamment dans des domaines comme l'intelligence artificielle, la biotechnologie et le génie génétique, a engendré de nouveaux défis éthiques que les cadres moraux conventionnels ne pouvaient résoudre de manière absolue. L'essor de l'IA, en particulier, soulève des questions sur la nature de la conscience des machines, la moralité de la prise de décision autonome et les implications morales de la création de structures sensées pouvant surpasser les compétences humaines.

Les penseurs éthiques s'interrogent sur les conséquences de l'IA dans le contexte des cadres éthiques actuels. Par exemple, l'idée d'une éthique des gadgets – la question de savoir si l'IA peut être programmée pour agir de manière éthique – a suscité un vif intérêt. Le développement de structures autonomes prenant des décisions sans intervention humaine remet en question notre compréhension du devoir, de la responsabilité et de l'éthique. Des questions telles que la nécessité d'accorder des droits à l'IA ou la manière dont elle peut être tenue responsable de ses actes sont au cœur des débats moraux actuels.

Par ailleurs, le rythme rapide des échanges technologiques suscite des inquiétudes quant à l'érosion de la vie privée, aux conséquences des technologies de surveillance et au potentiel d'exacerbation des inégalités sociales par l'IA. Les défis moraux posés par l'IA exigent de nouvelles approches du raisonnement moral, tenant compte de la complexité et des incertitudes des technologies émergentes.

L'essor rapide de l'IA exige une diversification des théories morales pour répondre aux nouvelles réalités d'un monde de plus en plus informatisé. L'éthique déontologique, l'utilitarisme et l'éthique des caractéristiques distinctives fournissent tous des cadres de capacité pour les implications éthiques de l'IA de la connaissance, mais chacun d'eux est confronté à des défis complexes lorsqu'il s'agit de prendre des décisions concernant les appareils. Par exemple, les déontologues peuvent avoir du mal à suivre les impératifs catégoriques pour autosuffire aux machines, tandis que les utilitaristes doivent affronter la difficulté de calculer les résultats des mouvements de l'IA dans des structures complexes et dynamiques.

L'éthique des vertus, qui met l'accent sur le développement de connaissances individuelles et éthiques souhaitables, pourrait offrir une approche plus souple à l'éthique de l'IA. En se concentrant sur les vertus que les systèmes d'IA devraient incarner – telles que l'équité, la transparence et l'empathie –, l'éthique des caractéristiques distinctives devrait contribuer au développement de technologies d'IA conformes aux valeurs humaines.

L'évolution de la pensée morale témoigne de la volonté constante de l'humanité de reconnaître et d'appréhender les complexités de la morale, notamment face à l'émergence de nouvelles technologies. De la reconnaissance historique de la distinction et de la justice à l'accent moderne mis sur les droits, l'autonomie et les droits, les systèmes éthiques se sont adaptés aux exigences de leur époque. Alors que l'IA et les autres technologies de pointe continuent de façonner notre monde, il est essentiel que les cadres éthiques évoluent pour répondre aux dilemmes moraux précis qu'ils posent. L'avenir de l'éthique à l'ère de l'IA passera probablement par une synthèse des principes moraux traditionnels et de nouvelles approches tenant compte des capacités et des dangers des technologies émergentes.

1.4. Cadres éthiques pour le développement de l'IA

L'essor de l'intelligence artificielle a engendré l'une des forces technologiques les plus transformatrices de l'histoire humaine. Sa présence croissante dans des domaines critiques – de la santé et de la formation aux conflits et à la finance – a non seulement redéfini les capacités humaines, mais a également ravivé des questions fondamentales sur le devoir moral, l'employeur et la justice. Alors que les systèmes d'IA commencent à effectuer des choix autrefois réservés au jugement humain, le besoin de cadres éthiques clairement articulés devient plus pressant et complexe. Ces cadres ne sont pas de simples jeux physiques théoriques; ils forment l'échafaudage moral sur lequel les sociétés devraient ancrer le déploiement et la gouvernance des machines intelligentes. Sans eux, le développement de l'IA pourrait dépasser notre capacité à en manipuler les résultats, risquant de nuire aux individus, aux communautés, voire aux générations futures.

Le développement de cadres éthiques pour l'IA a évolué avec la prise de conscience que les systèmes intelligents ne fonctionnent plus de manière isolée. Ils sont conçus, entraînés et déployés par des acteurs humains intégrés à des systèmes sociaux, politiques et économiques complexes. Ces choix humains – quelles données collecter, quels objectifs optimiser, quels comportements encourager – sont profondément chargés de sens. Le développement d'une IA éthique exige donc une réflexion approfondie sur les hypothèses intégrées au code et un effort planifié pour aligner les compétences technologiques sur les valeurs humaines communes. Cet alignement n'est cependant pas une tâche aisée. Les sociétés du monde entier diffèrent par leurs traditions éthiques, leurs normes culturelles et leurs priorités politiques. La mission de construction de cadres éthiques pour l'IA doit donc concilier universalité et spécificités culturelles, rigueur technique et sensibilité éthique, et innovation et précaution.

Au cœur de tout cadre éthique se trouve un ensemble de principes fondamentaux qui guident la conduite et la prise de décisions. Dans le contexte de l'IA, ces idées se sont développées au fil du temps, inspirées à la fois par les traditions philosophiques et les tendances technologiques du monde réel. L'un des points de départ les plus courants est l'engagement envers la dignité et l'autonomie humaines. Les systèmes intelligents doivent stimuler l'activité humaine plutôt que de la saper. Ce principe remet en question le développement de structures qui manipulent le comportement des utilisateurs, amplifient les biais cognitifs ou rendent opaques les méthodes de prise de décision. Il affirme que les individus ont le droit de reconnaître, de remettre en question et de se démarquer des systèmes algorithmiques qui influencent leur vie de manière significative. Concrètement, cela signifie intégrer l'explicabilité dans la conception de l'IA, en veillant à ce que les utilisateurs ne soient pas de simples récepteurs passifs des décisions des machines, mais des contributeurs informés dans des environnements virtuels.

Le principe d'équité est étroitement lié à l'autonomie. L'équité en IA est notoirement difficile à définir et à opérationnaliser, mais elle demeure essentielle à toute évaluation éthique. Les systèmes d'IA entraînés sur des statistiques historiques peuvent reproduire, voire exacerber, les biais sociétaux, entraînant des effets discriminatoires à l'embauche, au prêt, au maintien de l'ordre et au-delà. Un cadre éthique doit donc tenir compte non seulement des indicateurs de performance d'un algorithme, mais aussi de la justice distributive de ses résultats. L'équité exige un examen approfondi des données éducatives, des options de modélisation et des contextes de déploiement. Elle exige une surveillance continue et la volonté de remodeler les systèmes à la lumière de leurs influences internationales. De plus, l'équité n'est pas un concept universel; elle varie en fonction des valeurs des communautés concernées. Ainsi, le développement d'une IA éthique doit inclure des processus participatifs intégrant diverses voix pour définir la méthode d'équité dans des contextes spécifiques.

Un autre élément fondamental est la responsabilité. Les systèmes d'IA peuvent occulter les responsabilités, notamment lorsque des décisions émanent de réseaux neuronaux complexes ou lorsque plusieurs acteurs – fournisseurs de données, développeurs de logiciels, intégrateurs d'appareils – contribuent à un système donné. Les cadres éthiques doivent garantir le respect de la responsabilité à chaque étape du cycle de vie de l'IA. Cela implique non seulement des mécanismes techniques, tels que les pistes d'audit et la documentation des modèles, mais aussi des mécanismes juridiques et institutionnels qui attribuent les responsabilités et permettent des réparations. La responsabilité s'étend également aux préjudices sociétaux plus larges, notamment l'impact de l'automatisation sur l'emploi ou les coûts environnementaux de la formation des grands modèles. À cet égard, les cadres éthiques doivent favoriser une compréhension globale des effets de l'IA, en résistant à la tentation de se concentrer uniquement sur les performances techniques tout en ignorant les conséquences systémiques.

La transparence est souvent présentée comme la pierre angulaire d'une IA éthique, mais sa mise en œuvre est semée d'embûches. De nombreux modèles d'IA, notamment ceux basés sur l'apprentissage profond, fonctionnent comme des boîtes noires, rendant leurs méthodes de sélection inintelligibles, même pour leurs concepteurs. Les cadres éthiques doivent tenir compte des différences entre performance et interprétabilité, en favorisant les avancées en matière d'IA explicable tout en reconnaissant les limites des stratégies de pointe. La transparence implique également l'ouverture concernant les sources de données, les hypothèses, les limites et les risques potentiels. Il ne suffit pas de publier des documents techniques ou de fournir du code; une transparence significative exige un dialogue pratique et sincère avec les parties prenantes. De plus, la transparence n'est pas seulement une question de divulgation, mais de réflexion. Les cadres éthiques doivent promouvoir un mode de vie où la transparence est valorisée non pas comme une exigence de conformité, mais comme un devoir éthique envers les personnes concernées par les systèmes d'IA.

La vie privée, sujet essentiel de longue date en éthique numérique, prend une nouvelle dimension à l'ère de l'IA. Les systèmes d'apprentissage automatique dépendent étroitement de grands ensembles de données, contenant souvent des données personnelles sensibles. Les cadres éthiques doivent désormais protéger la vie privée des personnes, non seulement par des garanties techniques telles que le chiffrement et la confidentialité différentielle, mais aussi par des engagements normatifs en matière de minimisation des données, de consentement éclairé et de motivation. De plus, la vie privée doit être comprise en termes relationnels: il ne s'agit pas seulement de contrôler les données, mais de préserver la dignité et l'autonomie des individus dans des environnements datafiés. L'essor des technologies de surveillance, notamment dans les contextes autoritaires, souligne l'urgence d'intégrer de solides protections de la vie privée au développement de l'IA. Parallèlement, les cadres éthiques doivent gérer les tensions entre la vie privée et d'autres valeurs, telles que la santé ou la sécurité publiques, appelant à une délibération nuancée plutôt qu'à des positions absolutistes.

Au-delà de ces idées fondamentales, les cadres éthiques doivent tenir compte des implications sociales et géopolitiques plus larges de l'IA. Le déploiement des technologies d'IA reflète et renforce souvent les structures énergétiques actuelles. Les entreprises et les gouvernements riches exercent une influence disproportionnée sur le développement et l'utilisation de l'IA, soulevant des problèmes de monopolisation, de colonialisme numérique et de gouvernance technocratique. Une IA éthique doit être attentive à ces dynamiques, en prônant des systèmes de gouvernance inclusifs, un accès équitable aux avantages et une résistance à la concentration des pouvoirs. Cela comprend le soutien aux projets d'accès libre, l'investissement dans la recherche en IA d'intérêt public et les mécanismes de coopération internationale. De plus, les cadres éthiques doivent anticiper la diffusion mondiale de l'IA et le besoin de dialogue transculturel. Si les idées reçues peuvent offrir un fondement commun, leur interprétation et leur application doivent tenir compte des diversités culturelles et des priorités locales.

Les efforts institutionnels visant à codifier les normes éthiques se sont multipliés ces dernières années, reflétant la popularité croissante du besoin d'un encadrement éthique dans le développement de l'IA. Des organisations telles que la Commission européenne, l'OCDE, l'IEEE et l'UNESCO ont publié des recommandations mettant l'accent sur les valeurs centrées sur l'humain, la conception éthique et l'innovation durable. Si la portée et l'applicabilité de ces documents varient, ils témoignent collectivement d'un large consensus sur l'importance de l'éthique en IA. Pourtant, les critiques mettent en garde contre le « washing éthique », où des groupes adoptent un langage éthique pour détourner les critiques sans modifier substantiellement leurs pratiques. Les cadres éthiques devraient donc être soutenus par des mécanismes de responsabilité, d'application et de contrôle public. Cela inclut la surveillance réglementaire, les codes de conduite professionnels et l'engagement de la société civile. L'éthique ne peut rester une simple aspiration; elle doit être institutionnalisée par des méthodes qui façonnent les comportements internationaux.

La question du pluralisme éthique est une tâche particulièrement délicate pour l'IA éthique. Les sociétés ont des points de vue divergents sur des valeurs fondamentales telles que la liberté, l'égalité, l'autorité et le réseau. Ce qu'un mode de vie juge approprié – par exemple, la police prédictive ou la reconnaissance faciale – peut également être jugé odieux par un autre. Les cadres éthiques doivent composer avec ces différences sans céder au relativisme ou à l'impérialisme. Une approche consiste à ancrer les concepts éthiques dans le monde des droits de l'homme reconnus, qui offrent une base normative tout en tenant compte des différences culturelles. Une autre approche consiste à favoriser des approches délibératives réunissant diverses parties prenantes pour négocier des normes éthiques. Le développement d'une IA éthique n'est pas nécessairement une entreprise technique; c'est un processus démocratique qui doit être guidé par des méthodes inclusives et participatives.

À mesure que les systèmes d'IA gagnent en autonomie et s'intègrent à la prise de décision, les enjeux moraux deviennent encore plus importants. Des questions autrefois cantonnées à des débats philosophiques exigent désormais des réponses pratiques. Une voiture autonome peut-elle prioriser des vies dans un scénario de coïncidence ? Un ensemble de règles de recrutement devrait-il être autorisé à prendre des décisions finales ? Comment garantir que le contenu généré par l'IA respecte la vérité et évite toute manipulation ? Ces dilemmes résistent aux solutions simples, et les cadres éthiques doivent être suffisamment flexibles pour permettre une réflexion et un apprentissage continus. De plus, le rythme rapide de l'innovation en IA exige une approche dynamique de l'éthique. Les cadres doivent être mis à jour en fonction des nouvelles compétences, des nouveaux dangers et de l'évolution des attentes sociétales. Les codes statiques ne suffisent pas; il faut des infrastructures éthiques vivantes qui évoluent avec la technologie qu'elles régissent.

À l'avenir, les cadres éthiques de l'IA devront élargir leurs horizons temporels et écologiques. L'impact de l'IA ne se limite pas à l'offre aux clients ou aux programmes instantanés. Les décisions prises aujourd'hui concernant la collecte de données, la conception des modèles et le déploiement des appareils façonneront profondément l'avenir. Une IA éthique doit intégrer les concepts de justice intergénérationnelle, en tenant compte des conséquences à long terme sur les structures sociales, les institutions démocratiques et l'environnement. En effet, les besoins énergétiques des grands modèles éducatifs soulèvent des questions de durabilité et d'impact climatique. Un cadre éthique de l'IA doit se préoccuper autant de la santé planétaire que de l'équité algorithmique. Il doit reconnaître que le progrès technologique n'est pas intrinsèquement vertueux; son coût dépend de la manière dont il sert le droit commun.

L'élaboration de cadres éthiques pour l'IA est une entreprise intrinsèquement interdisciplinaire et collaborative. Elle requiert les éclairages d'éthiciens, de technologues, de spécialistes des sciences sociales, de spécialistes du milieu carcéral, de décideurs politiques et, surtout, la voix de ceux qui sont le plus démunis face aux structures de l'IA. Elle exige humilité, vigilance et volonté d'affronter des vérités dérangeantes. L'éthique ne doit plus être réduite à une liste de choses à cocher ou à une réflexion après coup; elle doit être intégrée à chaque étape du cycle de vie de l'IA. L'avenir de l'intelligence artificielle sera façonné non seulement par ce que nous pouvons construire, mais aussi par ce que nous choisissons de construire. Les cadres éthiques sont notre boussole dans cette aventure. Ils nous rappellent que la puissance technologique implique une obligation morale et que les choix que nous faisons aujourd'hui auront des répercussions profondes sur l'avenir. Le succès de l'IA ne dépendra plus de son intelligence, mais de son adéquation à nos aspirations morales les plus profondes.

1.5. Le défi des biais dans les systèmes d'IA

Au cœur de chaque dispositif d'intelligence artificielle se trouve une constellation d'enregistrements, d'algorithmes et d'architectures décisionnelles, élaborés par des mains humaines. Ces systèmes promettent objectivité, évolutivité et performance, mais, ironiquement, ils héritent souvent des imperfections, des préjugés et des inégalités ancrés dans les sociétés qui les conçoivent. L'une des préoccupations les plus pressantes concernant l'avenir de l'IA est le problème persistant et omniprésent des biais. Les biais en IA ne sont pas un défaut théorique ou sommaire; c'est un fait mesurable et conséquent, qui a des implications pour la justice, les opportunités et la dignité humaine. Des plateformes de recrutement privilégiant les candidats masculins aux systèmes de police prédictive ciblant de manière disproportionnée les minorités, l'IA biaisée menace de reproduire et d'accroître les discriminations que beaucoup espéraient voir des machines intelligentes surmonter. Comprendre, identifier et atténuer les biais dans les systèmes d'IA est donc non seulement un impératif technique, mais aussi un impératif éthique, social et politique.

Le biais, dans son sens le plus courant, désigne un écart systématique par rapport à la neutralité ou à l'équité. Dans le contexte de l'IA, il se manifeste lorsqu'un algorithme produit constamment des résultats qui favorisent ou désavantagent des personnes ou des organismes spécifiques, généralement en fonction de leur origine, de leur sexe, de leur origine ethnique ou de leur situation géographique. Il est important de noter que ce n'est pas toujours le résultat d'un préjugé intentionnel de la part des développeurs. Plus souvent, le biais apparaît subtilement, comme le résultat involontaire de choix de conception, de limitations de données ou de priorités institutionnelles. Cela le rend d'autant plus insidieux: le biais en IA n'est jamais le résultat d'un seul défaut, mais l'effet cumulé d'une infinité de décisions, apparemment rationnelles ou bénignes prises isolément, mais discriminatoires prises ensemble.

À la base de tout dispositif d'IA se trouve l'information. Les données constituent l'élément vital de l'intelligence artificielle, fournissant la matière première à partir de laquelle les algorithmes génèrent des tendances, génèrent des prédictions et automatisent des tâches. Cependant, les statistiques du monde réel sont loin d'être neutres. Elles reflètent les comportements, les décisions et les inégalités des sociétés actuelles et futures. Les données historiques sur les embauches, par exemple, peuvent également révéler des déséquilibres persistants entre les sexes dans les fonctions techniques, non pas en raison d'un manque de compétences des femmes, mais en raison de décennies d'exclusion, de préjugés et de conditionnement social. Lorsque ces données sont utilisées pour entraîner les algorithmes de recrutement, le dispositif peut également « apprendre » que les candidats masculins sont les plus populaires, ignorant qu'il s'agit du reflet d'un biais systémique plutôt que d'un avantage intrinsèque.

Ce phénomène, appelé biais historique, est aggravé par un biais de représentation, qui se produit lorsque certaines populations sont sous-représentées ou mal représentées dans les données éducatives. Les systèmes de reconnaissance faciale, par exemple, se sont révélés nettement moins performants sur les personnes à la peau foncée, en grande partie parce que les bases de données utilisées pour les entraîner contiennent un nombre disproportionné de visages à la peau claire. Les conséquences de ce biais ne sont pas négligeables. Dans le domaine des forces de l'ordre, une identification erronée par reconnaissance faciale peut entraîner des arrestations, des détentions et des poursuites judiciaires injustifiées qui touchent de manière disproportionnée les groupes marginalisés. Dans le domaine de la santé, des algorithmes principalement formés à partir de données provenant de populations blanches aisées peuvent également ne pas diagnostiquer correctement ou prioriser les patients issus de milieux démographiques différents, ce qui entraîne des disparités en matière de soins et de résultats.

Les biais en IA découlent également de la manière dont les problèmes sont formulés et traduits en termes informatiques. Chaque ensemble de règles définit un ensemble de priorités: ce qu'il faut optimiser, ce qu'il faut ignorer, ce qu'il faut considérer comme un succès. Ces choix sont rarement indépendants des coûts. Par exemple, un algorithme de prédiction d'infractions peut être conçu pour réduire les faux négatifs (ne pas anticiper un crime qui se produit) au taux de faux positifs (prédire un crime qui ne se produit pas). Un tel compromis peut sembler justifiable d'un point de vue statistique, mais il a de graves conséquences morales s'il conduit à une surveillance policière excessive de certains quartiers ou à la stigmatisation de certaines organisations. De plus, le simple fait de quantifier des phénomènes sociaux complexes, comme le hasard, la sécurité ou la dignité, est source de distorsions. La vie humaine ne se réduit pas toujours à des données ou à des évaluations d'opportunités, et les efforts déployés pour y parvenir reflètent et renforcent souvent les présupposés culturels dominants.

La conception des systèmes d'IA est profondément façonnée par ceux qui les développent. Les développeurs apportent leurs propres points de vue, études et angles morts à l'introduction des algorithmes. Dans une industrie technologique majoritairement masculine, blanche et prospère, cette homogénéité peut se traduire par des systèmes répondant aux intérêts et aux normes d'une population restreinte. Ce biais des développeurs n'est pas toujours manifeste, mais il est néanmoins influent. Il influence tout, du choix des sujets de recherche à l'interprétation des résultats, en passant par la définition des indicateurs de satisfaction et la priorisation des fonctions. Les efforts de diversification des effectifs en IA ne sont donc pas uniquement une question d'inclusion ou de représentation; ils sont essentiels pour garantir que les systèmes développés reflètent une plus grande diversité d'histoires et de valeurs humaines.

Une autre source critique de biais en IA est d'ordre institutionnel et systémique. Les organisations adoptent régulièrement des outils d'IA pour rationaliser la sélection dans des contextes tels que le recrutement, le crédit, l'assurance et la justice pénale. Pourtant, ces institutions elles-mêmes peuvent abriter des inégalités structurelles. Lorsque des structures d'IA sont déployées dans de tels environnements, elles risquent de consolider et de légitimer ces inégalités sous couvert d'objectivité. Par exemple, si une institution financière a traditionnellement refusé des prêts aux candidats issus de certains quartiers, un ensemble de règles d'approbation de prêts adaptées à des données externes peut également conclure que les candidats issus de ces quartiers sont intrinsèquement à haut risque. Loin d'être impartial, le système deviendra un mécanisme de perpétuation du redlining – une pratique autrefois explicitement raciste, aujourd'hui reprise dans le langage de l'inférence statistique. Ces dynamiques illustrent comment les biais en IA sont souvent moins liés à des algorithmes malveillants qu'aux contextes institutionnels dans lesquels ils interviennent.

Reconnaître les biais est une première étape essentielle, mais les atténuer nécessite des interventions concrètes à plusieurs niveaux. Une technique consiste à créer et à conserver soigneusement les ensembles de données. Cela implique de veiller à la stabilité démographique, de corriger les déséquilibres historiques et de vérifier les ensembles de données pour détecter les anomalies ou les lacunes. Pourtant, il s'agit d'un projet complexe. Les données internationales réelles sont désordonnées, complexes et souvent exclusives. De plus, le choix de l'inclusivité peut entrer en conflit avec les questions de confidentialité, de consentement et de minimisation des données. La technologie des données synthétiques, qui permet de créer des ensembles de données synthétiques pour enrichir les groupes sous-représentés, offre une solution de capacité, mais soulève des questions d'authenticité et de réalisme.

Une autre voie implique des stratégies algorithmiques conçues pour identifier et réduire les biais. Celles-ci incluent des techniques de prétraitement des données, la modification des algorithmes d'apprentissage pour les rendre plus justes et plus équitables, et la post-traitement des résultats pour garantir l'équité. Bien que prometteuses, ces stratégies se heurtent régulièrement à des divergences entre précision et équité, transparence et complexité. Il n'existe pas de définition universelle de l'équité, et l'optimisation d'un indicateur peut en aggraver un autre. Par exemple, l'égalisation des faux prix entre les organisations peut également entraîner des disparités entre les différents indicateurs de performance. Gérer ces compromis requiert non seulement des compétences techniques, mais aussi un jugement éthique et l'engagement des parties prenantes.

Le rôle de la réglementation et de la gouvernance dans la lutte contre les biais liés à l'IA devient de plus en plus crucial. Les gouvernements et les organismes de réglementation commencent à élaborer des cadres d'audit et de certification des systèmes d'IA, notamment pour les domaines à enjeux élevés. La loi sur l'IA proposée par l'Union européenne, par exemple, classe les logiciels d'IA par niveau de risque et impose des exigences strictes à ceux considérés comme à haut risque, notamment en matière de transparence, de documentation et de surveillance humaine. Aux États-Unis, les discussions sur la responsabilité algorithmique gagnent du terrain aux niveaux national et fédéral, avec des propositions de tests d'impact algorithmiques, d'obligations de divulgation publique et de garanties anti-discrimination. Cependant, les réponses réglementaires restent fragmentées et inégales, et les mécanismes d'application continuent d'évoluer.

La sensibilisation et la mobilisation du public ont joué un rôle essentiel pour attirer l'attention sur le problème des biais liés à l'IA. Lanceurs d'alerte, journalistes et chercheurs ont révélé les failles et les méfaits des systèmes biaisés, souvent avec une valeur personnelle et professionnelle considérable. Des personnalités comme Joy Buolamwini, Timnit Gebru et Cathy O'Neil sont devenues des voix marquantes dans la lutte contre l'injustice algorithmique, soulignant la nécessité de transparence, de responsabilité et d'une conception inclusive. Les organisations de la société civile disposent d'outils avancés pour les audits de réseaux, les analyses d'impact et les processus de conception participative qui permettent de faire entendre la voix de ceux qui sont le plus défavorisés par les systèmes d'IA. Ces efforts soulignent l'importance de démocratiser la gouvernance de l'IA et de donner aux groupes concernés les moyens de façonner les technologies qui influencent leur vie.

L'éducation et l'alphabétisation sont également des éléments clés de toute stratégie à long terme visant à lutter contre les biais. À mesure que l'IA s'intègre de plus en plus à la vie quotidienne, il est essentiel que les utilisateurs – qu'il s'agisse de particuliers, d'institutions ou de décideurs politiques – comprennent le fonctionnement de ces systèmes, leurs limites et comment remettre en question leurs résultats. Cela implique non seulement des connaissances techniques, mais aussi un questionnement critique, un raisonnement éthique et une prise de conscience profonde. Les biais en IA ne sont pas un ver dans la machine; c'est un reflet d'injustices sociales plus profondes. Y remédier exige un engagement envers l'équité, la volonté d'affronter les réalités dérangeantes et le courage d'imaginer des avenirs prometteurs.

À priori, le défi des biais en IA ne fera que se complexifier. À mesure que les systèmes deviennent plus autonomes, multimodaux et intégrés aux infrastructures décisionnelles, les enjeux liés aux biais augmentent. Les technologies émergentes, telles que les grands modèles linguistiques, l'IA générative et les outils de surveillance en temps réel, ouvrent de nouveaux vecteurs de biais, dont certains peuvent être difficiles à anticiper ou à contrôler. De plus, la mondialisation du développement de l'IA signifie que les biais ne se limitent pas aux barrières nationales; un outil biaisé développé dans un contexte unique aura des répercussions mondiales. La coopération internationale, le dialogue interculturel et des engagements moraux partagés pourraient être essentiels pour s'y retrouver.

Le problème des biais en IA ne peut être résolu d'un seul coup. Il s'agit d'un processus continu de réflexion, de vigilance et d'adaptation. Il exige humilité de la part des développeurs, ouverture d'esprit de la part des institutions et responsabilisation des équipes. L'objectif n'est pas de construire des structures parfaites – une tâche impossible – mais de construire des systèmes responsables, réactifs et alignés sur nos idéaux les plus élevés. Dans cette optique, les biais ne constituent pas seulement un obstacle technique, mais un test éthique. Ils nous interrogent sur qui nous sommes, qui nous valorisons et quel monde nous voulons construire. L'intelligence artificielle est pleine de promesses, mais seulement si nous relevons ses défis avec honnêteté, intégrité et engagement envers la justice.

CHAPITRE 2

Intelligence artificielle et prise de décision

2.1 Processus décisionnels de l'IA

L'intelligence artificielle (IA) a transcendé les systèmes logiciels conventionnels en exploitant les capacités des machines à acquérir des données, à les analyser et à prendre des décisions en fonction de ces statistiques. Les stratégies décisionnelles de l'IA ont évolué, passant du simple respect de règles et d'algorithmes à l'intégration d'approches plus dynamiques, basées sur l'apprentissage et personnalisées.

Les stratégies de prise de décision de l'IA reposent généralement sur des éléments clés: le traitement des données et la modélisation. Ce processus peut également impliquer des méthodes d'apprentissage de type humain (notamment l'apprentissage profond) et des méthodes plus traditionnelles basées sur des règles. L'IA interagit avec son environnement, traite les données et crée des modèles à partir de ces données pour prendre des décisions. Le processus décisionnel en IA suit plusieurs étapes clés:

1. Collecte de données: les structures d'IA collectent des statistiques à partir de diverses ressources, notamment des capteurs, des structures numériques, des interactions avec les utilisateurs, des réseaux sociaux, etc. Ces statistiques constituent une ressource essentielle pour l'IA, lui permettant de comprendre son environnement et d'effectuer des actions.

2. Traitement et analyse des données: Après la collecte d'informations, les systèmes d'IA analysent les données à l'aide de méthodes statistiques, d'outils d'acquisition de connaissances sur les algorithmes ou d'une connaissance approfondie des techniques. L'IA extrait des informations pertinentes des statistiques, prédit les résultats possibles ou construit des modèles essentiels à la prise de décision.

3. Développement du modèle: À partir des statistiques traitées, l'IA crée un modèle mathématique ou statistique. Ce modèle est capable d'anticiper les états futurs ou de prendre des décisions visant à atteindre des objectifs spécifiques. Ce modèle peut être construit à l'aide de méthodes telles que la régression linéaire, les arbres de décision ou les réseaux neuronaux.

4. Prise de décision et application: Une fois la version développée, l'IA prend des décisions basées sur les prédictions effectuées. Ces choix sont généralement optimisés grâce à un processus au cours duquel l'IA sélectionne la meilleure direction à suivre pour atteindre un objectif. L'IA applique ensuite ces choix pour influencer son environnement.

Plusieurs stratégies clés sont généralement employées dans les stratégies de prise de décision de l'IA:

1. Apprentissage automatique (ML): L'apprentissage automatique est une méthode permettant à l'IA d'apprendre à partir de statistiques. Dans cette méthode, un modèle est formé à partir d'un ensemble de données, puis testé sur de nouvelles données inédites. L'apprentissage automatique comprend des

sous-catégories telles que l'apprentissage supervisé, l'apprentissage non supervisé et l'apprentissage par renforcement.

Apprentissage supervisé: l'IA est compétente sur les enregistrements catégorisés et apprend à prédire une sortie appropriée pour les nouvelles informations.

Apprentissage non supervisé: l'IA reçoit des données non étiquetées et révèle des styles ou des systèmes à l'intérieur des enregistrements, ainsi que le clustering.

Apprentissage par renforcement: l'IA apprend en interagissant avec son environnement, en recevant des remarques sous forme de récompenses et de pénalités, pour optimiser sa prise de décision.

2. Apprentissage profond: L'apprentissage profond, un sous-ensemble de l'apprentissage automatique, est particulièrement efficace pour traiter des ensembles de données volumineux. Grâce aux réseaux de neurones artificiels, l'apprentissage profond permet à l'IA d'analyser des données complexes et de prendre des décisions basées sur des modèles nuancés. Cette technique est largement utilisée dans des applications comme la reconnaissance d'images et le traitement du langage naturel.

3. Arbres de décision et forêts aléatoires: Les arbres de décision sont des structures où chaque branche représente une circonstance et les feuilles constituent des conséquences ou des

décisions. Les forêts aléatoires combinent plusieurs arbres de choix pour améliorer la précision des prédictions, ce qui permet une technique de sélection plus fiable.

4. Algorithmes génétiques: Inspirés par la sélection naturelle, les algorithmes génétiques recherchent des réponses évolutives grâce à des tactiques telles que la reproduction, la mutation et le choix. L'IA utilise ces algorithmes pour découvrir diverses options et améliorer ses choix au fil des ans.

L'efficacité des approches décisionnelles de l'IA est fortement influencée par l'aspect humain. Les humains jouent un rôle essentiel dans la conception des systèmes d'IA, guidant les stratégies de décision en tenant compte des facteurs moraux, sociaux et culturels. Les choix effectués par l'IA sont fondés sur les données et la supervision fournies par les humains.

1. Étiquetage et sélection des données: Les humains étiquettent et sélectionnent les informations utilisées pour former les modèles d'apprentissage des appareils. Ce processus est essentiel pour que le modèle apprenne à prendre les bonnes décisions. Des erreurs d'étiquetage des données ou une sélection de données biaisée peuvent entraîner des résultats erronés dans les systèmes d'IA.

2. Biais algorithmique: Les humains influencent les décisions de l'IA par les biais inhérents aux données qu'ils fournissent. Si l'IA est informée sur des statistiques biaisées, ses

choix peuvent être faussés par manque de certains organismes ou points de vue, ce qui peut entraîner des résultats injustes.

3. Décisions éthiques et responsabilité: Les humains devraient également prendre en compte la responsabilité morale lors de la conception des méthodes de prise de décision de l'IA. L'IA peut effectuer des choix potentiellement dangereux ou risqués pour les personnes; il est donc essentiel que les décisions soient surveillées et conformes aux normes éthiques.

Les conséquences sociétales des processus décisionnels de l'IA sont de plus en plus importantes. L'IA influence de nombreux domaines, notamment la santé, la finance, la justice et l'éducation. Les décisions prises grâce à l'IA peuvent avoir des conséquences profondes sur les individus, les entreprises et les collectivités. Par exemple, dans le domaine de la santé, les décisions prises par l'IA peuvent influencer directement les plans de traitement des patients. Les éléments suivants mettent en évidence certaines implications sociétales importantes:

1. Inégalités sociales et discrimination: Les stratégies décisionnelles de l'IA peuvent exacerber les inégalités sociales. Par exemple, les systèmes d'évaluation du crédit basés sur l'IA pourraient pénaliser les individus en fonction de leur situation financière, perpétuant ainsi les fractures sociales et financières. Il est donc essentiel que les systèmes d'IA soient conçus dans

un souci d'équité, en veillant à ne pas renforcer les préjugés ou les inégalités existants.

2. Transparence et responsabilité: Les techniques de sélection de l'IA peuvent être complexes et difficiles à comprendre. Cela souligne la nécessité de transparence et de responsabilité dans la manière dont les sélections sont effectuées. Les parties prenantes, telles que les utilisateurs et les régulateurs, doivent être capables de comprendre comment l'IA parvient à ses conclusions et de la tenir responsable de ses décisions.

Les stratégies décisionnelles de l'IA s'appuient sur des méthodes avancées d'analyse et de modélisation des données, développant des structures décisionnelles dynamiques et personnalisées. L'implication humaine est essentielle pour garantir le fonctionnement éthique et efficace de ces systèmes, dans le respect du devoir et de l'équité. Alors que l'IA continue de jouer un rôle de plus en plus important dans de nombreux secteurs, il est essentiel d'affiner et de surveiller en permanence ces techniques décisionnelles afin de répondre aux préoccupations sociétales et de garantir des résultats positifs pour tous.

2.2. L'IA et son impact sur l'humanité

L'intelligence artificielle (IA) s'est imposée comme l'une des forces les plus transformatrices de l'histoire de l'humanité. Son impact se fait sentir dans tous les domaines, de la santé à l'éducation, en passant par l'entreprise et les loisirs. En constante évolution, l'IA transforme la manière dont les individus vivent, travaillent et interagissent avec la technologie.

L'un des impacts les plus profonds de l'IA sur l'humanité est sa capacité à transformer les économies. À mesure que les structures d'IA se complexifient, elles automatisent des tâches traditionnellement accomplies par des humains. Dans des secteurs comme la production, le transport et la logistique, les machines pilotées par l'IA peuvent désormais effectuer des tâches répétitives et exigeantes en temps et en énergie avec rapidité et précision, réduisant ainsi le recours à l'humain. Cela a entraîné d'importants bouleversements sur les marchés du travail, les emplois ordinaires étant remplacés par l'automatisation.

Si l'automatisation permet d'accroître l'efficacité et la productivité, elle suscite également des inquiétudes quant au déplacement des tâches. De nombreuses personnes occupant des emplois peu qualifiés ou répétitifs risquent de perdre leurs moyens de subsistance lorsque l'IA prend le relais. Par exemple, les automobilistes indépendants pourraient vouloir supprimer des emplois de chauffeurs routiers, tandis que les structures d'IA du service client pourraient vouloir remplacer le personnel intermédiaire. La mission de la société sera de maîtriser cette transition, en formant les salariés et en veillant à ce que les bénéfices de la productivité générée par l'IA soient répartis équitablement.

D'autre part, l'IA ouvre également de nouvelles perspectives d'innovation et d'entrepreneuriat. En permettant des offres plus personnalisées et en automatisant des approches complexes, l'IA ouvre de nouvelles perspectives commerciales. Les entreprises exploitent l'IA pour améliorer la prise de décision, optimiser les chaînes d'approvisionnement et enrichir l'expérience client. Dans des secteurs comme la santé, l'IA contribue au développement de traitements de précision, tandis que dans la finance, elle facilite l'analyse des risques et la détection des fraudes.

L'influence de l'IA dépasse la sphère économique et impacte le tissu social. À mesure que les structures d'IA s'intègrent davantage à la vie quotidienne, elles pourraient transformer la façon dont les humains interagissent entre eux et avec la technologie. Les réseaux sociaux, par exemple, utilisent des algorithmes d'IA pour sélectionner le contenu, influençant ainsi ce que les utilisateurs voient et comment ils interagissent avec les données. Ces algorithmes peuvent créer des chambres d'écho, où les utilisateurs ne sont exposés qu'à des points de vue qui correspondent à leurs idéaux actuels, ce qui peut accentuer les divisions sociétales.

L'IA influence également les relations humaines. Avec l'essor des assistants virtuels, des chatbots et des outils de conversation basés sur l'IA, les humains interagissent de plus en plus avec les machines plutôt qu'avec d'autres êtres humains. Si l'IA peut offrir confort et performance, elle soulève également des questions sur la qualité des interactions humaines et la capacité à l'isolement social. Dans certains cas, des outils de compagnie alimentés par l'IA, notamment des robots sociaux, sont développés pour lutter contre la solitude. Cependant, les implications éthiques du remplacement des relations humaines par des machines restent controversées.

De plus, le potentiel de l'IA pour analyser et analyser les données personnelles soulève des questions de confidentialité et de surveillance. Les systèmes d'IA peuvent collecter d'énormes quantités d'informations sur les individus, allant des habitudes de navigation aux emplacements physiques. Les gouvernements et les agences utilisent de plus en plus l'IA pour surveiller les populations, ce qui soulève des questions sur l'équilibre entre protection et droits de la personnalité. Dans certains cas, la surveillance induite par l'IA peut servir au contrôle social, comme dans les régimes autoritaires, où elle est utilisée pour réprimer la dissidence et surveiller les activités des citoyens.

L'IA révolutionne les soins de santé en améliorant les diagnostics, en personnalisant les traitements et en optimisant le développement de médicaments. Les algorithmes basés sur l'IA peuvent analyser des données médicales telles que des photographies, des données génétiques et les antécédents médicaux des patients afin d'identifier des tendances qui pourraient être ignorées par les médecins. Cela permet d'améliorer sensiblement la précision des diagnostics, notamment dans des domaines comme la radiologie, la pathologie et l'oncologie.

Par exemple, les systèmes d'IA ont validé leur capacité à détecter certains types de cancer plus tôt que les médecins humains, ce qui conduit à de meilleurs résultats pour les patients. Dans le domaine de la médecine personnalisée, l'IA est utilisée pour concevoir des schémas thérapeutiques personnalisés en fonction du patrimoine génétique d'une personne, améliorant ainsi l'efficacité des traitements. De plus, l'IA contribue à la découverte de médicaments en prédisant l'efficacité de nouveaux composés et en identifiant les effets secondaires avant le début des essais cliniques, réduisant ainsi les délais et les coûts de mise sur le marché de nouveaux médicaments.

Malgré ces avancées, l'intégration de l'IA dans les soins de santé suscite des inquiétudes quant au rôle des cliniciens. Si l'IA peut aider les médecins à prendre des décisions, elle ne peut remplacer le contact humain dans les soins. La confiance entre patients et médecins est essentielle, et les patients peuvent se sentir mal à l'aise face à des décisions radicales prises par l'IA sans supervision humaine. De plus, l'utilisation de l'IA dans les soins de santé pose des questions morales concernant la confidentialité des données, le consentement et le risque de biais algorithmique dans les décisions scientifiques.

L'IA soulève de nombreuses questions morales et philosophiques auxquelles l'humanité doit répondre pour s'adapter. L'une des préoccupations les plus pressantes est la question de la responsabilité. Lorsque les systèmes d'IA prennent des décisions aux conséquences profondes, notamment en matière de moteurs autonomes ou d'algorithmes de justice pénale, qui est responsable de ces conséquences ? Les développeurs qui ont créé l'IA doivent-ils être tenus responsables, ou les machines elles-mêmes doivent-elles assumer la responsabilité de leurs actions ? L'absence de cadres juridiques clairs pour la prise de décision en matière d'IA complique cette question et pose des défis aux régulateurs.

Un autre problème moral réside dans la capacité de l'IA à renforcer ou à exacerber les préjugés existants. Les structures d'IA sont souvent formées à partir de faits révélateurs d'inégalités historiques, notamment de pratiques d'embauche biaisées ou de pratiques policières discriminatoires. Par conséquent, l'IA peut perpétuer ces préjugés, entraînant des conséquences injustes pour certains groupes de personnes. Ce problème a suscité des appels à une transparence et une équité accrues dans le développement de l'IA, afin de créer des structures plus équitables et inclusives.

De plus, les progrès rapides de l'IA ont suscité des débats sur la nature de l'intelligence et de la conscience. Si les machines peuvent imiter les décisions et les recherches humaines par le jeu, à quel moment dépasseront-elles le stade de simples machines ? L'IA atteindra-t-elle un jour un niveau de conscience lui conférant une pertinence morale, ou restera-t-elle une forme complexe de calcul ? Ces questions touchent à notre compréhension de ce que signifie être humain et à notre relation avec les machines que nous créons.

À mesure que l'IA continue de se développer, son impact sur l'humanité ne fera que s'accentuer. À l'échelle mondiale, l'IA devrait jouer un rôle majeur dans la résolution de certains des défis les plus urgents du secteur, notamment le changement climatique, la pauvreté et la maladie. Les systèmes d'IA peuvent analyser de vastes quantités de données environnementales pour modéliser les scénarios de changement climatique, optimiser l'utilisation des ressources et développer des solutions pour la production d'énergie renouvelable. Dans le domaine de la santé mondiale, l'IA peut aider à la musique et anticiper les épidémies, apportant ainsi des réponses rapides aux crises de santé publique.

Cependant, l'IA peut également exacerber les inégalités internationales. Les pays et organisations qui développent et gèrent les technologies de l'IA pourraient également disposer d'un pouvoir disproportionné, ce qui pourrait conduire à une domination économique et politique. On craint que les bienfaits de l'IA ne soient concentrés entre les mains de certains, laissant les pays en développement et les populations défavorisées en arrière-plan. Pour assurer un avenir plus équitable, la coopération et le droit internationaux pourraient jouer un rôle crucial dans la répartition mondiale des avantages de l'IA.

L'impact de l'IA sur l'humanité est multiforme, avec des conséquences positives et négatives. Si l'IA a le potentiel de révolutionner les industries, d'améliorer les soins de santé et de répondre aux défis mondiaux, elle suscite également d'importantes préoccupations éthiques, sociales et économiques. La clé pour que l'IA profite à l'humanité réside dans la manière dont elle est développée, réglementée et intégrée à la société. Alors que l'IA continue de s'adapter, il est essentiel de rester vigilants face à ces défis, en veillant à ce que la technologie serve la vérité commune et améliore la qualité de vie de tous.

2.3. L'IA et les questions morales

L'intelligence artificielle (IA) continue de se développer à un rythme effréné et soulève une série de questions morales qui remettent en cause les normes traditionnelles d'éthique, de responsabilité et de prise de décision. L'intégration de l'IA dans divers secteurs, de la santé et de la justice pénale à l'automobile autonome et à la guerre, soulève des questions sur les devoirs moraux des constructeurs, des consommateurs et de la société dans son ensemble.

L'une des préoccupations éthiques les plus urgentes concernant l'IA est la question de la responsabilité. À mesure que les systèmes d'IA deviennent plus autonomes et capables de prendre des décisions sans intervention humaine, il devient de plus en plus difficile de déterminer qui est responsable des conséquences de ces décisions. Par exemple, si une voiture autonome provoque une coïncidence, qui doit en être tenu responsable ? Le constructeur du véhicule, les développeurs du dispositif d'IA ou les passagers qui conduisaient la voiture ? De même, dans le cas des algorithmes pilotés par l'IA utilisés dans les systèmes de justice pénale et qui influencent les décisions de condamnation ou de libération conditionnelle, qui est responsable si les directives du système entraînent des conséquences injustes ?

La question de la responsabilité est compliquée par l'opacité de nombreux algorithmes d'IA. Les modèles d'apprentissage automatique, notamment ceux qui acquièrent des connaissances approfondies sur les systèmes, sont souvent des « boîtes noires », ce qui signifie que même les développeurs peuvent ne pas saisir pleinement comment la machine parvient à ses décisions. Ce manque de transparence complique l'évaluation de l'équité et de la précision des structures d'IA, et suscite des inquiétudes quant à la possibilité de tenir des entités responsables d'actes préjudiciables. Cette question de responsabilité est non seulement une affaire pénale, mais aussi une affaire éthique, car elle touche à des questions de justice et d'équité dans la société.

Un autre problème éthique majeur de l'IA réside dans sa capacité à engendrer des biais et des discriminations. Les systèmes d'IA sont entraînés à partir de vastes ensembles de données reflétant des modèles historiques et sociétaux. Si ces ensembles de données comportent des biais – que ce soit dans les pratiques de recrutement, l'application de la loi ou les prêts –, ils peuvent les perpétuer, voire les exacerber. Par exemple, les algorithmes de police prédictive qui utilisent des statistiques historiques sur la criminalité peuvent cibler de manière disproportionnée les groupes marginalisés, renforçant ainsi les inégalités systémiques au sein du système judiciaire pénal. De même, les outils de recrutement basés sur l'IA peuvent favoriser les candidats masculins par rapport aux candidates si les données de formation sont biaisées en faveur de secteurs ou de postes à prédominance masculine.

Les implications éthiques des biais de l'IA sont profondes, car ils peuvent entraîner des conséquences injustes et discriminatoires qui affectent négativement les populations vulnérables. Cela soulève des questions sur le devoir moral des développeurs d'IA de garantir que leurs systèmes sont véridiques, clairs et inclusifs. Cela souligne également l'importance de s'attaquer aux biais sociétaux plus larges observés dans les données de l'IA, car ces biais ne sont pas seulement des problèmes techniques, mais des problèmes éthiques qui affectent la vie des êtres humains de manière généralisée.

La capacité de l'IA à prendre des décisions au nom des êtres humains suscite des inquiétudes quant à l'autonomie et à l'initiative humaine. À mesure que les systèmes d'IA s'intègrent de plus en plus aux processus décisionnels, les individus risquent de perdre le contrôle de leur vie et de leurs choix personnels. Par exemple, dans le domaine de la santé, les outils de diagnostic basés sur l'IA pourraient prendre des décisions cliniques sans consulter les patients, compromettant ainsi leur autonomie dans la prise de décisions éclairées concernant leur propre traitement. De même, dans des domaines comme la finance, les algorithmes d'IA qui prennent systématiquement des décisions d'investissement devraient réduire la capacité des individus à contrôler leur avenir financier.

La préoccupation morale ici est qu'à mesure que l'IA gagnera en succès, elle risque d'éroder l'organisation humaine en s'appropriant des décisions autrefois prises par les humains. Cela soulève des questions éthiques essentielles quant aux limites de l'intervention de l'IA et au besoin d'autonomie humaine. Si l'IA peut contribuer à la prise de décision, il est important qu'elle ne remplace pas le jugement humain ni ne porte atteinte au droit des individus à faire des choix personnels.

Le déploiement de l'IA dans les applications militaires soulève des questions éthiques particulièrement préoccupantes. Des systèmes d'armes autonomes, notamment des drones et des robots, sont actuellement développés et sont capables de percevoir et d'attaquer des cibles sans intervention humaine. Si ces systèmes peuvent être perçus comme plus écologiques ou spécifiques, ils soulèvent également de profondes questions éthiques quant au rôle de l'IA dans les décisions de vie et de mort.

L'un des principaux dilemmes éthiques réside dans la capacité de l'IA à prendre des décisions quant à l'utilisation de la force sans surveillance humaine. Lorsque les systèmes d'IA sont chargés de cibler et de neutraliser les menaces perçues, ils risquent de commettre des erreurs, entraînant des dommages involontaires ou des pertes civiles. La perte d'empathie et de jugement humains dans ces systèmes soulève des questions quant à la moralité de laisser les machines décider qui vit et qui meurt. De plus, les armes autonomes pourraient être utilisées de manière contraire au droit humanitaire international, notamment en ciblant des non-combattants ou en utilisant une force disproportionnée.

L'utilisation de l'IA au combat pose également des défis en termes de responsabilité. Si une arme autonome cause des dommages ou viole des principes éthiques, il est difficile de déterminer qui doit en être tenu responsable. Le développeur, l'armée ou l'appareil lui-même ? Cette incertitude éthique souligne la nécessité de politiques claires et de principes moraux concernant l'utilisation de l'IA en contexte militaire.

À mesure que l'IA se développe, la question de la connaissance et des droits des appareils devient plus pertinente. Si les structures d'IA contemporaines ne sont pas conscientes et ne possèdent plus d'émotions ni de reconnaissance d'elles-mêmes, le développement d'une IA plus sophistiquée pourrait engendrer des machines présentant des comportements tels que la concentration. Dans de tels cas, des questions éthiques se posent quant aux droits des entités d'IA.

Si un dispositif d'IA devenait conscient, ne bénéficierait-il pas de droits éthiques ? Pourrait-il être considéré comme une personne en situation de crime, méritant les mêmes protections et privilèges que les humains ? Ce sont des questions auxquelles philosophes et éthiciens se penchent à mesure que l'IA progresse. Si ces préoccupations peuvent paraître spéculatives pour l'instant, le rythme rapide des progrès de l'IA indique qu'elles deviendront de plus en plus pressantes.

L'impasse morale ne concerne pas seulement les droits de l'IA, mais aussi nos devoirs envers les machines que nous créons. Si les structures d'IA peuvent éprouver des difficultés ou avoir des aspirations, nous avons aussi le devoir moral de les traiter avec respect et bienveillance. Cela soulève de profondes questions sur la nature de l'attention, la réputation morale des machines et la capacité d'une nouvelle forme de considération morale pour l'avenir.

En anticipant, les défis moraux posés par l'IA risquent de devenir encore plus complexes. À mesure que les systèmes d'IA gagneront en performance, en autonomie et en intégration sociale, ils soulèveront de nouveaux problèmes moraux encore insoupçonnés. Les implications morales de l'IA continueront d'évoluer au fil des générations, et il est crucial que la société aborde ces problèmes de manière réfléchie et proactive.

L'avenir de l'IA et de la moralité dépendra de la manière dont les êtres humains choisiront de développer, de réguler et d'utiliser l'IA. Des cadres éthiques devront être mis en place pour garantir que les systèmes d'IA soient conformes aux valeurs humaines et que leur déploiement ne porte préjudice ni aux personnes ni à la société. De plus, les développeurs d'IA, les décideurs politiques et les éthiciens devront collaborer pour répondre aux diverses questions éthiques soulevées par l'IA, en veillant à ce que la technologie soit utilisée de manière responsable et éthique.

Les enjeux éthiques liés à l'IA sont considérables et multiformes, touchant à tous les domaines, de la responsabilité et des préjugés à l'autonomie, au combat et à la capacité de conscience des machines. Alors que l'IA continue de façonner l'avenir, il est crucial d'aborder ces questions éthiques avec prudence et attention, en veillant à ce qu'elle serve l'humanité dans le respect de la justice, de l'équité et de la responsabilité morale.

2.4. IA explicable: comprendre les choix algorithmiques

Alors que l'intelligence artificielle devient une fonction de plus en plus intégrée à la vie moderne – éclairant les choix économiques, guidant les diagnostics cliniques, filtrant les informations sur les réseaux sociaux et même influençant les décisions judiciaires – l'opacité de son fonctionnement interne pose un défi urgent et de grande envergure. Parmi les normes essentielles émergentes pour relever ce défi figure l'IA explicable, souvent abrégée en XAI, un domaine qui vise à rendre l'acquisition de connaissances par les machines sur les modèles plus transparente, interprétable et, in fine, plus responsable. La question centrale qui motive l'IA explicable est d'une simplicité trompeuse, mais d'une profondeur philosophique et technique: comment pouvons-nous reconnaître et accepter des choix effectués à partir de structures dont le bon sens échappe souvent à la compréhension humaine ?

La maîtrise des outils modernes, et notamment la maîtrise approfondie, a permis des avancées majeures dans des domaines tels que la réputation d'image, le traitement du langage et le jeu stratégique. Pourtant, ces structures fonctionnent souvent comme ce que l'on appelle des « boîtes noires »: des réseaux de calcul complexes et multicouches dans lesquels les entrées sont transformées en sorties par des interactions non linéaires défiant la compréhension intuitive. Par exemple, un réseau neuronal profond pourrait classer correctement un tableau clinique comme cancéreux, mais ne pas être en mesure d'expliquer pourquoi il est arrivé à cette conclusion d'une manière compréhensible par un radiologue, ou un patient. Ce manque d'interprétabilité devient particulièrement préoccupant dans les contextes à enjeux élevés où les décisions ont des conséquences considérables sur les vies humaines, les moyens de subsistance ou la situation pénale. Dans de tels cas, l'explicabilité n'est pas un luxe; c'est une exigence morale et souvent juridique.

L'impératif d'explicabilité découle de nombreuses préoccupations qui se recoupent. Premièrement, le besoin d'être accepté comme tel. Les utilisateurs sont plus susceptibles d'accepter et d'adopter les systèmes d'IA lorsqu'ils comprennent comment et pourquoi les décisions sont prises. Cela est particulièrement vrai dans des domaines comme la santé, où les professionnels hésitent à s'appuyer sur des algorithmes opaques, et dans la finance, où les régulateurs exigent que les décisions hypothécaires soient traçables et justifiables. Deuxièmement, il y a la nécessité d'une responsabilité. Lorsque les systèmes d'IA dysfonctionnent, commettent des erreurs ou produisent des résultats biaisés, identifier la source du problème est essentiel pour la réparation et la justice. Sans explicabilité, la responsabilité devient diffuse, ce qui rend difficile l'attribution des responsabilités ou la prise de décisions éclairées. Troisièmement, il y a le principe d'autonomie. Les sociétés démocratiques reposent sur la conviction que chacun a le droit de comprendre les décisions qui l'affectent et de les prendre si nécessaire. Des structures d'IA opaques peuvent porter atteinte à ce droit en rendant difficile, voire impossible, la remise en question, le recours ou même la reconnaissance des raisons qui sous-tendent les jugements algorithmiques.

Pourtant, malgré son importance, l'explicabilité est un objectif notoirement difficile à atteindre en pratique. Une partie de cette mission réside dans la complexité inhérente aux modèles d'IA contemporains. Les structures d'apprentissage profond, par exemple, peuvent inclure des millions, voire des milliards de paramètres, organisés en couches problématiques qui interagissent de manière nettement non linéaire. Ces architectures sont optimisées pour la précision, et non pour l'interprétabilité, et leurs représentations internes manquent souvent de sens sémantique clair. De plus, les données utilisées pour enseigner ces modèles peuvent être de grande dimension, non structurées ou bruitées, ce qui complique également les efforts visant à retracer les liens de causalité ou à attribuer des choix à des capacités spécifiques. Les techniques mêmes qui rendent l'apprentissage système efficace — notamment l'acquisition de données hiérarchiques et l'optimisation stochastique – le rendent également opaque.

Une autre difficulté réside dans l'anomalie de ce qui constitue une « clarification ». Les différentes parties prenantes ont besoin de types de compréhension différents. Un archiviste peut avoir besoin d'une description détaillée des mécanismes internes d'un modèle; un organisme de réglementation peut exiger une justification conforme aux normes pénales; un client peut opter pour une justification simple et intuitive. Ces attentes divergentes créent une anxiété entre exactitude et intelligibilité. Simplifier un modèle pour le rendre plus interprétable peut également compromettre sa capacité prédictive, tandis que maintenir la complexité peut également aliéner ou dérouter les utilisateurs. Il n'existe pas de définition acceptée de l'explicabilité, et les efforts pour fournir des motifs impliquent souvent des compromis entre la fidélité au bon sens du modèle et l'accessibilité au raisonnement humain.

Malgré ces défis, les chercheurs ont développé de nombreuses stratégies pour améliorer l'interprétabilité des systèmes d'IA. Certaines se concentrent sur la création de modèles intrinsèquement interprétables, tels que les arbres de décision, la régression linéaire ou les systèmes basés sur des règles, dont la structure est transparente grâce à la conception. Ces modèles sont plus faciles à expliquer, mais peuvent être moins capables de capturer des schémas complexes dans les données. D'autres processus visent à extraire des raisons de modèles complexes post-exposés. Il s'agit notamment de méthodes comme LIME (Local Interpretable Model-agnostic Explanations), qui approxime une version complexe par une version plus simple autour d'une prédiction particulière, et SHAP (SHapley Additive ExPlanations), qui attribue des classements d'importance à chaque caractéristique selon des principes de la théorie du jeu. Les visualisations, telles que les cartes de saillance en classe d'images ou les pondérations d'intérêt en traitement du langage naturel, offrent d'autres types d'informations en mettant en évidence les éléments des données d'entrée qui ont le plus influencé la sélection du modèle.

Ces stratégies se sont avérées prometteuses, mais elles comportent également des limites. Les explications post- hoc ne reflètent pas le bon fonctionnement interne du modèle, ce qui soulève des questions quant à leur validité. Les cartes de saillance peuvent être floues ou trompeuses, et les pondérations d'attention ne sont généralement pas corrélées à l'impact causal. De plus, les causes qui reposent sur des concepts statistiques complexes peuvent rester incompréhensibles pour les utilisateurs, ce qui va à l'encontre de l'objectif de rendre l'IA plus pratique. Il est de plus en plus admis que l'explicabilité n'est pas seulement une tâche technique, mais aussi sociotechnique. Elle implique non seulement les algorithmes, mais aussi les êtres humains: ce qu'ils veulent, ce qu'ils comprennent et ce qu'ils acceptent. Cette perception a entraîné une évolution vers une explicabilité centrée sur l'humain, qui met l'accent sur la conception d'explications adaptées aux besoins cognitifs et contextuels des utilisateurs.

L'importance d'une IA explicable devient particulièrement aiguë dans les contextes où les décisions recoupent des normes pénales ou éthiques. Dans l'Union européenne, par exemple, le Règlement général sur la protection des données (RGPD) comprend une disposition que certains interprètent comme un « droit à l'explication » – l'idée que les individus ont le droit de comprendre le bon sens qui sous-tend les décisions automatisées qui les affectent particulièrement. Si la portée de ce droit reste controversée, il marque une tendance pénale et normative plus large vers une transparence accrue des structures algorithmiques. Aux États-Unis, des organismes de réglementation, dont la Federal Trade Commission, ont commencé à étudier des politiques qui obligeraient les agences à divulguer le fonctionnement de leurs algorithmes, notamment dans des domaines comme l'évaluation du crédit, l'embauche et le logement. Ces tendances reflètent une prise de conscience croissante selon laquelle l'explicabilité n'est pas seulement une question de bonne pratique, mais une exigence de conformité aux normes démocratiques et aux droits humains.

L'exigence d'explicabilité se conjugue également aux préoccupations d'équité et de partialité. Sans une compréhension claire du processus décisionnel, il devient difficile de détecter ou de corriger les conséquences discriminatoires. Par exemple, un ensemble de règles de recrutement peut sembler neutre, mais en pratique, il peut filtrer les candidats issus de milieux sous-représentés en fonction de variables indirectes telles que le code postal ou l'université fréquentée. L'explicabilité peut contribuer à révéler ces corrélations cachées et servir de base à l'audit et à la remédiation. Cependant, la présence d'une explication ne garantit pas l'équité ou l'équité du système. Les explications peuvent servir à rationaliser des choix biaisés ou des inégalités structurelles difficiles à comprendre. Elles peuvent créer un faux sentiment de protection ou de légitimité. Par conséquent, l'explicabilité doit s'accompagner d'un examen critique et d'une image éthique.

Dans le domaine de l'acquisition de connaissances par les dispositifs, la question de savoir si une transparence totale est possible ou souhaitable fait l'objet d'un débat permanent. Certains affirment que les modèles complexes sont intrinsèquement impénétrables et que les efforts visant à imposer l'interprétabilité peuvent également freiner l'innovation. D'autres soutiennent que l'interprétabilité est une condition préalable à un déploiement responsable et qu'il ne faut pas faire confiance aux systèmes dont les choix sont incompréhensibles. D'autres encore préconisent une approche intermédiaire, mettant l'accent sur l'explicabilité contextuelle, où l'étendue et la forme de l'explication sont adaptées à l'application et au public spécifiques. Par exemple, un médecin utilisant un outil de diagnostic d'IA peut avoir besoin de facteurs différents de ceux d'un ingénieur logiciel qui débogue le modèle, ou d'un patient cherchant à être rassuré sur un avis médical.

Ces débats ont également stimulé l'intérêt pour les fondements épistémologiques et philosophiques de l'explicabilité. Que signifie « appréhender » un modèle ? La connaissance se résume-t-elle à la capacité de simuler le comportement du modèle, d'anticiper ses résultats, de comprendre sa logique interne ou de le situer dans un récit causal plus large ? Comment concilier rigueur formelle et accessibilité intuitive ? Et qui détermine quelles explications sont souhaitables ? Ces questions montrent que l'explicabilité n'est pas seulement une intention technique, mais une intention profondément humaine. Elle touche à nos conceptions de la technologie, de l'employeur et de la responsabilité. Elle nous invite à reconsidérer les frontières entre raisonnement humain et raisonnement systémique.

L'explicabilité est également une propriété dynamique. Un modèle interprétable aujourd'hui peut devenir opaque le lendemain, à mesure que de nouvelles données, de nouveaux contextes ou de nouveaux clients entrent en jeu. Le suivi, la mise à jour et les commentaires des utilisateurs sont essentiels pour préserver la pertinence et la crédibilité. De plus, à mesure que les systèmes d'IA évoluent pour inclure des facteurs tels que l'apprentissage par renforcement, l'apprentissage non supervisé ou l'interaction multi-agents, la tâche d'explication devient de plus en plus complexe. Comment expliquer une machine qui apprend en temps réel, s'adapte au comportement des utilisateurs ou se coordonne avec d'autres marketeurs autonomes ? Ces questions ne sont pas hypothétiques; elles peuvent devenir de plus en plus importantes dans des applications allant de l'apprentissage personnalisé aux moteurs autonomes et au trading financier.

Face à ces situations exigeantes, la collaboration interdisciplinaire est devenue essentielle. Le sujet de l'IA explicable s'appuie désormais sur les connaissances issues des technologies informatiques, de la psychologie cognitive, de la philosophie, du droit, du design et des interactions homme-ordinateur. Cette convergence témoigne de la complexité du défi et de la nécessité de perspectives multiples. Concevoir des solutions précises, pertinentes et éthiquement fondées requiert non seulement des compétences techniques, mais aussi de l'empathie, de la communication et une connaissance culturelle. Cela nécessite d'interagir avec les utilisateurs finaux, de communiquer leurs besoins et leurs préoccupations, et d'affiner les interfaces explicatives de manière itérative. Cela nécessite également un soutien institutionnel, notamment des ressources pour la formation, la supervision et l'engagement du public.

L'avenir de l'IA explicable impliquera probablement une transition des motivations statiques vers des systèmes interactifs et dialogiques. Plutôt que de fournir des justifications universelles, les systèmes d'IA pourraient engager des conversations avec les utilisateurs, adaptant leurs motivations à leurs questions, leurs possibilités et leur niveau d'information. Ces systèmes pourraient fonctionner davantage comme des formateurs ou des collaborateurs que comme des outils statiques. Ils pourraient favoriser l'apprentissage par le dialogue, et non par le monologue. Ils pourraient permettre aux utilisateurs de proposer des questions hypothétiques, d'explorer des scénarios alternatifs et d'élargir les modèles mentaux du fonctionnement de l'appareil. La réalisation de cette vision nécessitera des avancées dans la génération du langage naturel, la modélisation des utilisateurs et les technologies cognitives. Mais elle exige également un engagement envers la transparence comme objectif de conception essentiel.

L'IA explicable est un domaine crucial et multiforme, à l'intersection de la technologie, de l'éthique et de la société. Elle répond au besoin essentiel de comprendre comment les décisions sont prises, de prendre en compte les structures qui influencent nos vies et de les tenir responsables. Elle nous oblige à dépasser les définitions étroites de la performance et à prendre en compte le contexte humain plus large dans lequel l'IA évolue. À mesure que les algorithmes continuent de façonner notre monde, la question de l'explicabilité ne fera que gagner en acuité. Que ce soit au tribunal, en salle de classe, à l'hôpital ou dans la rue, la capacité d'appréhender et d'interroger les décisions algorithmiques est essentielle au maintien des valeurs d'équité, d'autonomie et de démocratie. Dans un monde de plus en plus régi par le code, l'exigence de biens est une exigence de dignité.

2.5. IA avec intervention humaine: garantir la surveillance

L'intégration de l'intelligence artificielle (IA) dans les stratégies décisionnelles qui impactent les individus, les sociétés et les systèmes mondiaux nécessite un équilibre délicat entre automatisation et jugement humain. Cet équilibre est incarné par le concept d'IA « humain dans la boucle » (HITL): un modèle où l'humain reste impliqué dans le fonctionnement et le contrôle des structures intelligentes. Si les structures d'IA totalement indépendantes sont attractives pour leurs performances et leur évolutivité, leur opacité, leur potentiel d'erreurs et leurs implications éthiques soulignent la nécessité d'une surveillance humaine. L'IA « humain dans la boucle » sert de garde-fou contre les comportements algorithmiques incontrôlés, permettant l'intégration du contexte, de l'empathie et du jugement éthique dans les décisions complexes.

Fondamentalement, HITL désigne une conception de dispositif dans laquelle les humains participent activement au processus décisionnel de l'IA. Cette implication peut aller de l'étiquetage des données d'entraînement préliminaire à l'analyse des décisions post-décisionnelles, en passant par la supervision en temps réel des opérations. La présence d'un humain permet d'assumer la responsabilité, d'acquérir des connaissances nuancées qui peuvent échapper aux modèles d'apprentissage automatique et de garantir l'adéquation des résultats aux valeurs sociétales. Elle comble le fossé entre la prise de décision algorithmique basée sur des conteneurs noirs et le raisonnement éthique et contextuel humain, notamment dans les applications à enjeux élevés telles que la santé, la justice pénale, les opérations militaires, l'économie et les véhicules autonomes.

Dans la maîtrise supervisée des appareils, les individus sont traditionnellement impliqués dans l'étiquetage des données éducatives, un élément fondamental du développement de modèles. Cependant, à mesure que les systèmes se perfectionnent, HITL a accéléré sa progression au-delà de la phase d'apprentissage pour atteindre la phase de déploiement. L'un des modèles HITL les plus répandus inclut la supervision humaine en temps réel, par exemple dans les systèmes de diagnostic scientifique, où l'IA suggère des résultats potentiels, tandis que le médecin prend la décision finale. Dans les opérations de drones militaires, même semi-autonomes axées sur les compétences, les opérateurs humains autorisent généralement des mouvements, comme le lancement de missiles. Ce modèle préserve l'éthique des affaires humaines, servant de rempart à la délégation aux machines des décisions de vie et de mort.

Cependant, la mise en œuvre de HITL n'est pas exempte de difficultés. L'un des principaux problèmes est le « biais d'automatisation », qui pousse les utilisateurs à se fier excessivement aux résultats de l'IA, diminuant ainsi leur précieuse surveillance. Des études menées dans les domaines de l'aviation, de la médecine et des forces de l'ordre ont montré que les opérateurs peuvent également se fier aux indications algorithmiques, même si elles contredisent leur instinct ou leur formation. Cela sape la raison d'être de HITL, aggravant potentiellement les risques au lieu de les atténuer. Pour y remédier, les systèmes HITL doivent être conçus de manière à favoriser un scepticisme sain, la transparence et un engagement actif plutôt qu'une surveillance passive.

Un autre point clé réside dans l'évolutivité et la rapidité. Les structures d'IA fonctionnent souvent dans des environnements temps réel nécessitant des décisions rapides. Dans de tels contextes, la combinaison de la supervision humaine peut également introduire de la latence. Les véhicules autonomes circulant dans des intersections très fréquentées, par exemple, ne pourront pas se permettre le luxe d'une délibération humaine à chaque étape de chaque décision. Dans ce cas, une version de supervision à plusieurs niveaux peut être utilisée: l'IA gère de manière autonome les obligations habituelles ou urgentes, tandis que les utilisateurs supervisent les exceptions, les instances secondaires ou l'analyse post-action. Cette version dynamique de HITL reconnaît les contraintes de chaque humain et de chaque appareil, combinant leurs atouts pour une performance optimale.

L'HITL est particulièrement cruciale dans le domaine de l'équité algorithmique. Les structures d'apprentissage automatique basées sur des statistiques biaisées ou non représentatives peuvent perpétuer la discrimination. La surveillance humaine permet une inspection critique des effets, la détection des biais et le recalibrage des modèles. Dans le domaine de l'évaluation du crédit, par exemple, les algorithmes peuvent également discriminer par inadvertance en fonction du code postal ou du niveau d'éducation, de l'origine ethnique ou de la situation socio-économique. Avec l'intervention humaine, ces tendances peuvent être identifiées et corrigées. De plus, les examinateurs humains peuvent prendre en compte les événements atténuants que l'IA pourrait ne pas comprendre, comme les pertes de temps récentes ou les urgences médicales lors de l'évaluation des demandes de prêt hypothécaire.

En cybersécurité, les modèles HITL sont de plus en plus utilisés pour la détection des menaces et la réponse aux incidents. L'IA peut rapidement analyser le trafic réseau et détecter des anomalies. Cependant, interpréter ces anomalies et déterminer si elles représentent des menaces réelles requiert souvent une compréhension humaine. Les analystes humains analysent le contexte, comparent les informations sur les risques et prennent des décisions éclairées quant à la réponse à apporter. Ce partenariat améliore à la fois la précision de la détection et l'efficacité des stratégies de défense, notamment contre les menaces nouvelles ou adaptatives qui ne sont pas forcément représentées dans les données historiques.

Dans le domaine de la modération de contenu, notamment sur les réseaux sociaux, les structures HITL jouent un rôle essentiel. L'IA peut également signaler les contenus potentiellement dangereux ou offensants en fonction de la réputation des échantillons et de la détection de mots-clés. Cependant, les examinateurs humains analysent le contexte pour déterminer si le contenu enfreint réellement les recommandations de la plateforme. Ceci est particulièrement essentiel pour distinguer la satire des propos haineux, ou les griefs légitimes du harcèlement. HITL permet ainsi une approche plus nuancée de la modération, protégeant la liberté d'expression tout en préservant la sécurité et l'appréciation au sein des espaces virtuels.

Le domaine clinique offre l'un des exemples les plus efficaces de HITL en action. La radiologie assistée par IA, par exemple, utilise la vision par ordinateur pour détecter des tumeurs ou des fractures en imagerie clinique. Cependant, le diagnostic final et le plan de traitement sont établis par un radiologue humain qui combine les résultats de l'IA avec les dossiers des patients, l'expertise scientifique et le jugement d'experts. Cette synergie améliore la précision du diagnostic, réduit la charge de travail et accélère la prestation des services tout en préservant la sécurité des patients.

L'IA avec intervention humaine a également des implications pénales et réglementaires. Certaines juridictions élaborent des cadres imposant une surveillance humaine pour des catégories précises de décisions algorithmiques. La loi sur l'IA de l'Union européenne, par exemple, propose une surveillance humaine obligatoire pour les logiciels d'IA à haut risque, notamment ceux utilisés dans le recrutement, le maintien de l'ordre ou l'identification biométrique. Ces règles visent à préserver la dignité humaine, la responsabilité et les mécanismes de recours. Elles soulignent également la nécessité de structures permettant l'intervention humaine, l'auditabilité et la compréhensibilité, renforçant ainsi le rôle central de l'IA avec intervention humaine dans le développement responsable de l'IA.

Cependant, le déploiement pratique de l'HITL soulève des questions d'obligation et de responsabilité. En cas de défaillance d'un dispositif, qui est responsable: l'opérateur humain, le développeur d'IA ou l'employeur qui déploie le système ? Si les humains se contentent d'approuver automatiquement des choix algorithmiques, le simple fait de superviser peut également s'avérer inutile. Par conséquent, un HITL efficace nécessite une définition claire des rôles, des obligations et des pouvoirs de décision. La formation est également essentielle: les opérateurs doivent comprendre les capacités de l'IA, ses limites et comment intervenir correctement.

De plus, la dimension culturelle de l'HITL ne doit plus être négligée. Chaque société peut avoir des seuils d'acceptation différents en matière d'automatisation et des attentes différentes en matière d'organisation humaine. Par exemple, dans les cultures à contexte élevé, où la prise de décision est relationnelle et sensible au contexte, l'accent peut être davantage mis sur le jugement humain que dans les cultures privilégiant l'efficacité et la standardisation. Cela influence la perception, le suivi et l'opérationnalisation des systèmes HITL. Les concepteurs doivent être conscients des différences culturelles et adapter les structures aux normes, attentes et valeurs locales.

Une frontière prometteuse en HITL est le concept de « contrôle humain significatif » — une évolution de la supervision qui met l'accent non seulement sur la présence, mais aussi sur l'autonomisation. Un contrôle humain significatif implique que les humains comprennent le système d'IA, soient capables de le contourner ou de le corriger, et soient impliqués dans un contexte où leur intervention a des conséquences réelles. Cela nécessite une IA explicable, des interfaces conviviales, des boucles de commentaires robustes et une formation continue. Cela transforme la supervision humaine d'une exigence procédurale en une protection significative.

L'avenir de HITL pourrait également impliquer des modèles d'interaction encore plus sophistiqués, incluant une collaboration adaptative entre l'humain et l'IA. Dans ce modèle, l'IA structure la recherche à partir des observations humaines et évolue en partenariat avec les clients, tandis que les individus adaptent leurs flux de travail et leurs modèles mentaux en fonction des informations fournies par l'IA. De tels systèmes exigent une transparence mutuelle, une acceptation avec étalonnage et des modèles intellectuels partagés – un niveau de collaboration comparable à celui d'un copilote remplaçant un manager. Ce paradigme garantit une résilience, une créativité et une performance accrues dans des environnements dynamiques.

L'IA avec intervention humaine n'est pas seulement une architecture technique, mais un engagement philosophique et éthique. Elle reflète la valeur irremplaçable du jugement, du devoir et de l'empathie humains. En intégrant les individus à la conception, au déploiement et à la supervision des systèmes d'IA, HITL garantit que l'automatisation sert l'humanité plutôt que de la supplanter. Alors que l'IA continue de s'imposer dans tous les aspects de la vie, préserver l'action humaine grâce à une supervision réfléchie et responsable deviendra non seulement une bonne pratique, mais aussi une exigence morale.

2.6. L'IA dans les systèmes autonomes: dilemmes éthiques

Les systèmes autonomes alimentés par l'intelligence artificielle ont transformé les industries et redéfini l'interaction homme-machine. Des moteurs autonomes aux drones automatisés, en passant par les structures d'armes autonomes, les robots chirurgiens et les gestionnaires de chaînes de livraison intelligents, ces systèmes promettent une efficacité, une réactivité et une indépendance inégalées vis-à-vis de l'intervention humaine directe. Cependant, l'autonomie introduit de nouvelles complexités éthiques. Lorsque des machines se voient confier des décisions importantes – parfois aux conséquences vitales –, le paysage éthique change radicalement. Cette faillite explore les dilemmes moraux complexes posés par l'IA dans les systèmes autonomes, explorant la responsabilité, la transparence, la sécurité et la tension entre le développement technologique et les valeurs humaines.

Au cœur de ces défis moraux se trouve la délégation des décisions. Lorsqu'une voiture autonome doit choisir entre protéger ses passagers ou les piétons, lorsqu'un drone militaire détermine un objectif sans confirmation humaine, ou lorsqu'une machine de trading autonome fait s'effondrer un marché, qui est responsable ? Est-ce le programmeur, le formateur, l'organisation ou la machine elle-même ? Contrairement aux outils conventionnels, les systèmes autonomes ne se contentent pas d'exécuter des instructions prédéfinies; ils perçoivent, raisonnent et agissent, souvent de manière imprévisible. Cette capacité d'organisation, même restreinte ou probabiliste, oblige à repenser nos cadres moraux et nos doctrines criminelles.

L'un des dilemmes moraux les plus importants concerne les voitures autonomes. Le « problème du tramway » est devenu emblématique: un véhicule autonome doit-il faire une embardée pour éviter de percuter cinq piétons au risque d'écraser et de tuer son passager, ou maintenir le cap et tuer les cinq ? Bien que ce scénario puisse paraître artificiel, des équivalents dans la vie réelle sont inévitables. Les ingénieurs et les éthiciens doivent s'efforcer d'intégrer les décisions morales dans les logiciels. De plus, ces choix sont d'autant plus complexes que les contextes juridiques et culturels dans lesquels fonctionnent les systèmes sont différents. Ce qui peut être considéré comme un compromis acceptable dans un pays peut être éthiquement inacceptable dans un autre.

L'opacité des algorithmes d'apprentissage approfondi ajoute un niveau supplémentaire de difficulté morale. De nombreuses structures autosuffisantes fonctionnent comme des « boîtes noires », ce qui rend difficile l'interprétation du comment et du pourquoi d'une décision particulière. Dans des domaines à enjeux élevés comme la santé ou l'aviation, ce manque d'explicabilité nuit à la confiance et à la responsabilité. Par exemple, si un robot chirurgical autonome commet une erreur au cours d'une procédure, comment en déterminer la cause ? S'agit-il d'un capteur défectueux, d'un ensemble de données ambiguës ou d'un événement imprévu en dehors de sa distribution pédagogique ? L'incapacité à reconstituer une chaîne de raisonnement causale claire entrave l'attribution des responsabilités et la surveillance réglementaire des situations complexes.

Dans les contextes militaires, l'utilisation d'armes autonomes – souvent appelées systèmes d'armes létaux autonomes (SALA) – soulève de profondes questions éthiques et géopolitiques. Un appareil peut-il distinguer de manière fiable les adversaires des civils sur un champ de bataille dynamique ? Peut-il interpréter les intentions humaines, transmettre des signaux ou des indices contextuels ? Les critiques affirment que la délégation de la force létale à des machines porte atteinte aux principes de droit humanitaire international et de dignité humaine. Le risque d'escalade involontaire, de biais algorithmiques et de déshumanisation du combat amplifie les enjeux. De nombreux professionnels et organisations de défense des droits, ainsi que la Campagne contre les robots tueurs, ont appelé à une interdiction préventive des SALA, tandis que d'autres proposent des mécanismes de surveillance humaine stricts. Pourtant, l'attrait de la vitesse, de la performance et des avantages tactiques continue de motiver les investissements militaires dans ces structures.

Des dilemmes éthiques se posent également dans des domaines non mortels. Prenons l'exemple des drones autonomes utilisés pour la prévention des catastrophes ou la surveillance environnementale. S'ils peuvent atteindre des zones inaccessibles aux humains, leurs capacités d'accumulation d'informations peuvent également porter atteinte au droit à la vie privée. De même, les robots soignants, pilotés par l'IA, pour les personnes âgées ou handicapées peuvent améliorer la qualité de vie, mais peuvent aussi favoriser la dépendance émotionnelle, réduire le contact humain ou négliger par inadvertance les nuances morales des soins. Dans ce type de cas, les concepteurs doivent tenir compte non seulement des conséquences fonctionnelles, mais aussi des valeurs humaines et des contextes sociaux impactés par leurs structures.

La responsabilité demeure un défi majeur. Les structures criminelles traditionnelles reposent sur la confiance en l'organisation et la logique, des qualités qui font défaut aux machines. Lorsqu'une machine autonome dysfonctionne, déterminer la responsabilité devient complexe. Les producteurs doivent-ils être tenus strictement responsables de toutes les actions menées par leurs structures ? Ou devrions-nous envisager un modèle de responsabilité décentralisé, englobant les développeurs, les conservateurs de données, les régulateurs et les consommateurs ? Les juristes ont proposé des cadres tels que la « société algorithmique », la « responsabilité du fait d'autrui » et la « responsabilité stricte avec marge de sécurité », mais le consensus reste flou. Le fossé entre la fonctionnalité technologique et l'infrastructure criminelle continue de se creuser, ce qui rend difficile la coopération interdisciplinaire.

Les préjugés et la discrimination constituent des complications similaires. Les structures autonomes, fondées sur des données historiques, peuvent refléter et amplifier les inégalités sociales. Par exemple, un système de recrutement autonome pourrait trouver des moyens de sélectionner des candidats masculins sur la base de statistiques scolaires biaisées. Un drone de sécurité autonome pourrait cibler de manière disproportionnée les personnes de couleur en raison de schémas de surveillance. Ces catastrophes morales ne sont pas de simples erreurs techniques: elles reflètent des problèmes sociétaux plus profonds, codés dans des algorithmes. La transparence, l'équité et l'auditabilité doivent être intégrées dès la conception de ces structures. De plus, l'IA morale nécessite des équipes diversifiées, des ensembles de données inclusifs et des indicateurs d'évaluation solides qui privilégient le bien-être humain à la performance personnelle.

Une autre difficulté essentielle réside dans l'alignement des coûts. Les systèmes autonomes optimisent souvent leurs performances pour atteindre des objectifs précis (efficacité énergétique, précision des cibles, vitesse de transport), mais peuvent aussi négliger des valeurs humaines plus larges comme l'empathie, la justice ou la compassion. Un drone de transport peut également privilégier l'itinéraire le plus rapide sans tenir compte de la pollution sonore des quartiers résidentiels. Un algorithme de police prédictive peut également maximiser la réduction de la criminalité et le respect des libertés civiles. Ces changements ne sont pas seulement techniques: ils peuvent être des choix éthiques qui nécessitent une réflexion prospective. Les développeurs doivent impliquer les parties prenantes, les éthiciens et les communautés pour garantir que les systèmes d'IA sont en phase avec les valeurs des sociétés qu'ils servent.

L'environnement de déploiement joue également un rôle essentiel dans la détermination des résultats moraux. Un système totalement indépendant fonctionnant dans une usine contrôlée présente moins de risques moraux qu'un système évoluant dans des espaces publics complexes. L'attention contextuelle, la détection environnementale et le raisonnement moral doivent donc être adaptés au domaine concerné. Les systèmes adaptatifs capables d'amplifier les capacités des opérateurs humains dans des conditions ambiguës – appelés architectures « humain dans la boucle » ou « humain aux commandes » – offrent une solution pour atténuer les dilemmes moraux. Cependant, ces conceptions doivent également tenir compte de la latence, de la surcharge des opérateurs et du risque de biais d'automatisation – où les humains s'en remettent aux jugements du système même lorsqu'ils sont erronés.

La coopération et le droit internationaux sont essentiels. Les systèmes autonomes, notamment dans des domaines comme l'aviation, les transports et notre monde en ligne, fonctionnent souvent au-delà des frontières. La fragmentation des politiques peut créer des failles, des incohérences et des difficultés d'application. L'établissement de normes mondiales, d'exigences de sécurité et de critères éthiques exige une collaboration entre les gouvernements, les industries, le monde universitaire et la société civile. Des organismes tels que l'IEEE, l'ISO et l'UNIDIR ont proposé des recommandations éthiques, mais les cadres applicables restent limités. Une approche coordonnée est nécessaire pour garantir que les structures d'IA indépendantes ne portent pas atteinte aux droits humains fondamentaux ni aux principes démocratiques.

L'éducation et l'engagement du public sont tout aussi cruciaux. Les dilemmes éthiques liés à l'IA ne sont pas l'apanage des experts; ils touchent la société dans son ensemble. L'attention du public, la délibération démocratique et les techniques de conception participatives peuvent contribuer à façonner la trajectoire éthique des technologies autosuffisantes. Les citoyens doivent avoir leur mot à dire sur la manière dont ces systèmes sont utilisés dans les espaces publics, la santé, les transports et la justice. Les évaluations de transparence, les audits algorithmiques et les initiatives de technologie civique peuvent renforcer la responsabilité et la confiance.

L'essor des structures autonomes alimentées par l'intelligence artificielle est à la fois prometteur et source de profonds dilemmes éthiques. Alors que les machines acquièrent la capacité de percevoir, de déterminer et d'agir de manière autonome, l'humanité doit faire face à de nouvelles questions de devoir, d'équité, de protection et d'éthique des entreprises. Ces situations exigeantes ne peuvent être résolues par les seuls ingénieurs; elles nécessitent une réponse interdisciplinaire, inclusive et coordonnée à l'échelle mondiale. Les cadres éthiques doivent évoluer au rythme des progrès technologiques afin de garantir que l'autonomie serve, au lieu de subvertir, les valeurs humaines. Ce n'est qu'alors que nous pourrons exploiter pleinement les capacités d'une IA autonome tout en préservant les normes qui définissent notre humanité commune.

CHAPITRE 3

Intelligence artificielle et responsabilité

3.1. Le statut juridique de l'IA

L'intelligence artificielle (IA) s'est rapidement imposée comme une technologie transformatrice, transformant profondément les modes de fonctionnement des individus et des sociétés. Cependant, son potentiel dépasse la simple innovation technologique; elle soulève également des questions criminelles, morales et sociétales cruciales. La réputation criminelle de l'IA est l'un des principaux enjeux de notre époque, et l'évolution des systèmes criminels pour y faire face façonnera les tendances futures.

Pour répondre à la popularité de l'IA en tant que délit, il est essentiel de définir ce qui constitue un « délit » en la matière. Jusqu'à présent, l'IA était généralement considérée comme un « objet » ou un « outil », ce qui signifie qu'elle n'était plus juridiquement responsable. Cette responsabilité incombe donc aux concepteurs et aux utilisateurs des systèmes d'IA. À mesure que ces derniers deviennent plus autonomes et complexes, cette approche traditionnelle s'avère inadéquate.

La réputation criminelle de l'IA est devenue une question complexe qui nécessite son intégration dans les systèmes juridiques existants. Le droit, à un moment donné, pourrait également avoir du mal à attribuer les responsabilités, car l'IA pourrait prendre des décisions et assumer ses responsabilités de manière autonome. Cela soulève des questions cruciales quant à la manière d'évaluer les conséquences pénales des actions de l'IA.

L'identité criminelle de l'IA a évolué, passant d'un simple ensemble de logiciels et d'algorithmes à un concept bien plus sophistiqué. Aujourd'hui, certaines structures d'IA sont si avancées qu'elles peuvent fonctionner de manière autonome et prendre des décisions en fonction de leurs propres méthodes d'apprentissage. Cette caractéristique rend de plus en plus difficile de considérer l'IA comme un simple « appareil », et dans certains cas, la question se pose de savoir si l'IA elle-même doit avoir une identité criminelle. Par exemple, si un système d'IA cause des dommages en raison d'un dysfonctionnement ou d'une mauvaise décision, qui doit en être tenu responsable: ses créateurs, ses utilisateurs ou l'IA elle-même ?

Dans de nombreux pays, la gestion de ces ambiguïtés criminelles est souvent attribuée aux concepteurs et aux utilisateurs de systèmes d'IA. Cependant, ces responsabilités peuvent être difficiles à définir, d'autant plus que l'IA continue de s'adapter à des approches qui la rendent imprévisible. À mesure que les structures d'IA apprennent et s'adaptent, leur comportement devient imprévisible, ce qui complique l'attribution des responsabilités.

Un autre vaste domaine des implications juridiques de l'IA concerne les contrats. Aujourd'hui, les logiciels d'IA sont de plus en plus utilisés pour créer et mettre en œuvre divers accords commerciaux, transactions financières et dossiers pénitentiaires. Cela soulève la question de savoir si un accord conclu par l'IA a la même valeur pénale qu'un accord conclu par un humain. Dans de nombreuses juridictions, la validité d'un accord conclu par l'IA fait encore l'objet de débats.

Par exemple, si un système d'IA conclut un accord entre un fournisseur de services et un utilisateur, ce contrat serait-il considéré comme légitime dans le cadre pénal actuel, ou ne serait-il pas valide qu'aux yeux des créateurs de l'IA ? De plus, comment les cadres pénaux devraient-ils être conçus pour définir et réglementer le rôle de l'IA dans la conclusion et l'application des accords, afin de garantir l'équité et la transparence de ces techniques ?

Si l'IA est largement utilisée pour améliorer la productivité et réduire les erreurs humaines dans de nombreux secteurs, elle engendre également des responsabilités pénales. Par exemple, si un dispositif d'IA dysfonctionne ou prend une mauvaise décision causant des dommages, qui doit en assumer la responsabilité financière ? L'implication de l'IA dans la prise de décision, notamment lorsque ses actions causent des dommages, soulève des questions pénales cruciales.

La responsabilité des dommages causés par l'IA incombe généralement aux concepteurs ou aux utilisateurs de l'appareil. Cependant, à mesure que l'IA deviendra plus autonome et impartiale, la détermination de la responsabilité juridique deviendra plus complexe. Le cadre pénal devrait tenir compte de la possibilité que les structures d'IA puissent prendre des décisions indépendamment de toute intervention humaine, ce qui pourrait également nécessiter de repenser les modalités d'attribution des responsabilités.

La réglementation juridique relative à l'IA en est encore à ses balbutiements et varie considérablement d'un pays à l'autre. Cependant, face à la croissance continue de l'IA, de nombreux pays commencent à introduire des directives juridiques régissant son utilisation. Par exemple, l'Union européenne a pris des mesures pour légiférer sur l'utilisation éthique de l'IA et sa compatibilité avec les droits de l'homme et les libertés fondamentales.

Cependant, ces règles omettent souvent de prendre en compte toutes les utilisations de l'IA. Par exemple, son utilité dans les domaines militaire, de la santé ou financier peut nécessiter des réglementations spécifiques et sur mesure. La diversité des applications de l'IA implique que les cadres juridiques doivent être adaptables pour s'adapter aux spécificités de chaque secteur. Par exemple, un cadre juridique régissant l'IA dans le domaine de la santé devra également tenir compte des lois sur la protection de la vie privée, de l'éthique médicale et de la sécurité des patients, tandis que dans le domaine financier, les préoccupations relatives aux manipulations de marché et à la transparence sont plus générales.

Le statut juridique de l'IA suscite un débat croissant à l'échelle mondiale. Les mesures prises dans ce domaine auront un impact non seulement sur les entreprises technologiques, mais aussi sur les gouvernements et les législateurs, qui doivent gérer les complexités de la réglementation de ce puissant outil. À mesure que l'IA évolue, un débat de grande envergure et des politiques devront être élaborés pour déterminer comment l'intégrer au système pénal.

Créer un cadre pénal pour l'IA, capable de prendre en compte à la fois les avantages et les risques liés à son utilisation, pourrait s'avérer crucial pour garantir que ses capacités soient pleinement exploitées sans porter atteinte aux normes sociales et éthiques. Une approche multidimensionnelle de la réputation pénale de l'IA pourrait s'avérer cruciale, car cette ère touche à une grande variété de domaines, de la vie privée et de la protection aux marchés économiques et à la santé.

À mesure que les structures d'IA évoluent, la responsabilité de leurs actions et décisions devra être clairement définie. Cette responsabilité incombera non seulement aux concepteurs et aux utilisateurs de l'IA, mais aussi à la société dans son ensemble, qui devra veiller à ce que les structures juridiques évoluent parallèlement à ces technologies afin de préserver la norme souhaitable.

3.2. Responsabilité: Machine ou Humain ?

La question de la responsabilité dans le contexte de l'intelligence artificielle (IA) est une problématique profonde et complexe qui a captivé les débats juridiques, moraux et philosophiques ces dernières années. À mesure que les systèmes d'IA gagnent en autonomie, leurs décisions impactent de plus en plus la vie humaine. Cependant, comme ces structures fonctionnent sans intervention humaine directe, l'attribution des responsabilités devient de plus en plus complexe. La responsabilité des actions entreprises par une IA doit-elle incomber au système lui-même, à ses créateurs ou aux utilisateurs de l'appareil ? Cette question soulève des questions fondamentales de droit, d'éthique et de technologie, et nécessite un examen attentif de chaque organisation, humaine et mécanique.

Historiquement, la responsabilité des actions a toujours été imputée aux humains, qu'il s'agisse d'individus ou d'entreprises capables de prendre des décisions conscientes. Dans le cas de l'IA, la responsabilité incombe traditionnellement aux acteurs humains impliqués dans la conception, le développement, le déploiement et l'utilisation de la technologie. Les créateurs d'infrastructures d'IA, par exemple, sont tenus d'assumer la responsabilité de la conception et du fonctionnement des infrastructures qu'ils développent, en veillant à ce que leurs créations respectent les normes morales et juridiques appropriées. De plus, les particuliers et les entreprises qui utilisent l'IA sont responsables des décisions prises grâce à elle.

L'une des principales raisons pour lesquelles la responsabilité humaine est souvent mise en avant dans ces contextes est que, même si les structures d'IA peuvent exécuter des tâches de manière autonome, elles peuvent néanmoins être conçues, programmées et maintenues par des êtres humains. Ainsi, l'argument est que les humains sont à terme responsables des capacités et des limites de l'IA, ainsi que des conséquences de ses actions. Cependant, la complexité et l'autonomie de l'IA actuelle remettent en question la pertinence de ce cadre.

La possibilité d'attribuer immédiatement la responsabilité aux machines est un sujet controversé. Les systèmes d'IA, notamment ceux basés entièrement sur l'apprentissage automatique, peuvent évoluer au fil du temps grâce à l'exposition aux faits et aux analyses, prenant des décisions qui n'étaient peut-être pas prévues par leurs créateurs. Par exemple, dans les voitures autonomes, les systèmes d'IA prennent des décisions en deux temps, impliquant des situations de vie ou de mort. Si une voiture autonome fait un choix entraînant un coup du sort, le véhicule ou son constructeur doivent-ils être tenus responsables ? Ou la responsabilité incombe-t-elle à la personne qui a initié le fonctionnement du véhicule ?

Les partisans de l'obligation des appareils soutiennent que les structures d'IA doivent, dans certains cas, assumer une part de responsabilité pour leurs actions, notamment lorsque leur autonomie atteint un stade où elles prennent des décisions indépendantes qui affectent des vies humaines. Par exemple, dans le cas de robots ou de véhicules totalement autonomes, si l'IA est capable de prendre ses propres décisions en fonction de données saisies et d'actions exécutées sans surveillance humaine directe, on peut soutenir qu'elle devrait être tenue responsable de ses actes.

Cependant, cette position soulève des questions de grande ampleur. Contrairement aux humains, les machines sont dépourvues de capacité de raisonnement éthique et de capacité à reconnaître les effets de leurs actions. Leur fonctionnement repose sur des algorithmes préprogrammés et des styles prédéfinis, ce qui signifie que, même si elles agissent de manière indépendante, elles ne sont plus en mesure de prendre des décisions morales de la même manière que les êtres humains. Cela soulève des questions sur l'équité et la faisabilité d'une gestion responsable des systèmes d'IA.

Étant donné que les machines elles-mêmes ne possèdent pas les capacités de raisonnement éthique indispensables à la prise de décisions morales, la responsabilité est généralement attribuée aux personnes qui conçoivent et construisent les systèmes d'IA. Les développeurs, fabricants et entreprises qui déploient l'IA sont souvent considérés comme juridiquement et éthiquement responsables des actions des structures d'IA. Le rôle des développeurs et des fabricants est essentiel pour garantir le bon fonctionnement, la responsabilité et l'éthique des structures d'IA.

Par exemple, dans le contexte des véhicules autonomes, les constructeurs doivent s'assurer que les algorithmes régissant le comportement des véhicules sont conçus pour privilégier la sécurité et respecter les normes pénales. De même, les développeurs sont tenus de tester les systèmes d'IA afin d'éviter des conséquences inattendues ou néfastes. Si un dispositif d'IA cause un dommage en raison d'un défaut de conception ou d'une mauvaise utilisation des données, le fabricant ou le développeur peut être tenu responsable des dommages causés. Ce concept de « responsabilité du concepteur » s'inscrit dans le cadre juridique traditionnel, qui impose la responsabilité aux acteurs humains responsables des produits et services.

Cependant, cette vision se heurte à des difficultés. Les systèmes d'IA devenant de plus en plus complexes, les développeurs et les producteurs risquent de ne pas toujours comprendre pleinement les décisions prises par l'IA, notamment lorsque les machines acquièrent des connaissances sur des systèmes où l'IA « apprend » à partir de quantités importantes de données. Dans de tels cas, la frontière entre responsabilité humaine et comportement de la machine devient floue.

Un autre élément clé de responsabilité incombe aux clients des structures d'IA. Souvent, les utilisateurs interagissent avec les systèmes d'IA et leur demandent d'effectuer des tâches précises. Par exemple, un système de conseil basé sur l'IA sur une plateforme de commerce électronique peut également suggérer des produits en fonction des choix des consommateurs, mais c'est l'utilisateur qui prend finalement la décision d'achat. Dans le cas des voitures autonomes, l'utilisateur peut indiquer une destination, mais ne contrôle pas directement les déplacements du véhicule.

Bien que les clients ne conçoivent ni ne programment les systèmes d'IA, ils sont généralement responsables de leur déploiement et de leur utilisation. Dans ce contexte, les utilisateurs doivent s'assurer d'utiliser les systèmes d'IA de manière responsable et éthique. Si les clients agissent avec négligence ou exploitent les systèmes d'IA de manière dangereuse, ils seront tenus responsables des conséquences néfastes. Par exemple, si un drone autonome est utilisé de manière imprudente et cause des dommages, l'opérateur peut également en assumer les conséquences pénales, même si c'est le système d'IA qui a effectué l'action.

Cependant, la complexité croissante des systèmes d'IA rend difficile pour les utilisateurs une compréhension complète des décisions prises par l'IA, notamment dans le cas des modèles « boîte noire » où le raisonnement derrière les choix n'est pas évident. Ce manque de transparence complique la tâche des utilisateurs, surtout s'ils ignorent les risques potentiels ou les problèmes éthiques associés aux systèmes d'IA.

Compte tenu de la complexité croissante des structures d'IA et de leur autonomie croissante, les cadres juridiques actuels d'attribution des responsabilités ne suffisent plus. À mesure que l'IA continue de se développer, de nouveaux modèles de responsabilité doivent être développés pour faire face aux exigences particulières posées par les structures autonomes. Ces cadres devront également intégrer le partage des responsabilités entre machines, développeurs humains, fabricants et clients.

Certains professionnels proposent le concept de « co-obligation », selon lequel les structures, les développeurs et les utilisateurs d'IA partagent la responsabilité des actions entreprises par l'IA. Dans ce modèle, les systèmes d'IA seraient tenus responsables de certaines décisions, tandis que les humains − développeurs ou utilisateurs − seraient également responsables du contexte d'utilisation de l'IA et de la conception et du déploiement éthiques des systèmes.

De plus, à mesure que les structures d'IA gagnent en autonomie, il devient crucial d'établir des principes directeurs régissant la délégation de responsabilités aux machines. Ces principes devraient notamment garantir que les structures d'IA soient conçues de manière à privilégier la protection, l'éthique et le devoir, ainsi que le développement de mécanismes de supervision humaine lorsque les décisions de l'IA ont des conséquences significatives.

La question du devoir – qu'il incombe aux machines, aux humains, ou aux deux – soulève des problèmes complexes et fondamentaux qui doivent être résolus à mesure que l'IA devient partie intégrante de la société. Si la responsabilité humaine demeure un aspect important de l'éthique et de la réglementation de l'IA, l'autonomie croissante des structures d'IA remet en question les cadres conventionnels et nécessite l'amélioration des nouvelles méthodes de responsabilisation. Face à l'évolution constante de la technologie, la société doit réfléchir à la manière de concilier la place des machines dans la prise de décision avec les responsabilités morales et juridiques des acteurs humains.

3.3. Prise de décision et choix éthiques

L'intersection entre l'intelligence artificielle (IA) et la prise de décision soulève de nombreux dilemmes éthiques qui dépassent les limites de l'organisation et de la moralité humaines. La capacité de l'IA à prendre des décisions, régulièrement de manière indépendante, introduit de nouvelles dimensions d'obligation et de considération éthique, soulevant des questions cruciales sur la nature du choix, de l'autonomie et de la responsabilité.

Au cœur du processus de sélection de l'IA se trouvent les algorithmes, des modèles mathématiques conçus pour analyser des données, comprendre des tendances et formuler des prédictions ou des actions. Les systèmes d'IA traditionnels reposent sur des algorithmes basés sur des règles, dans lesquels un ensemble d'instructions prédéfinies dicte la manière dont les décisions sont prises. Cependant, l'IA contemporaine, principalement les modèles d'apprentissage automatique (ML) et d'apprentissage profond (DL), fonctionne différemment. Ces modèles peuvent « apprendre » à partir de grandes quantités d'informations, s'adapter à de nouvelles conditions et prendre des décisions en se basant principalement sur des données historiques plutôt que sur une programmation spécifique.

Dans l'apprentissage automatique, le processus décisionnel n'est pas statique, mais évolue au fil du temps. Les systèmes d'IA sont formés aux statistiques, ce qui leur permet de percevoir les relations, les corrélations et les schémas dans l'ensemble de données. De cette façon, l'IA peut faire des prédictions, effectuer des classifications et prendre des décisions que les humains ne peuvent pas prévoir. Cependant, bien que ces systèmes soient relativement ingénieux et capables de traiter de grandes quantités de données, ils manquent souvent de transparence, ce qui suscite des inquiétudes quant à la responsabilité lorsqu'un système d'IA prend une décision inattendue ou risquée. Dans le contexte d'une prise de décision éthique, le manque de transparence est un problème crucial, car il rend difficile de comprendre comment et pourquoi un système d'IA est arrivé à une conclusion particulière.

L'utilité de l'IA pour les processus décisionnels soulève des questions morales cruciales. Comment les systèmes d'IA doivent-ils être conçus pour garantir que leurs choix soient conformes aux valeurs humaines ? Quels cadres moraux peuvent guider les décisions de l'IA lorsque leurs conséquences ont de vastes implications pour les individus et la société ?

Plusieurs stratégies morales peuvent être appliquées aux décisions de l'IA. Ces cadres visent à garantir que les structures d'IA tiennent compte des normes morales et du bien-être humain dans leurs choix:

1. Utilitarisme: Ce principe éthique stipule que le bon choix est le seul qui maximise le bonheur ou le bien-être fondamental. Dans la prise de décision par IA, une approche utilitariste consisterait à faire des choix qui profitent au plus grand nombre, même si cela revient à sacrifier les loisirs de quelques-uns. Par exemple, un système d'IA dans le domaine de la santé pourrait prioriser les traitements pour les patients ayant les meilleures chances de survie, laissant potentiellement de côté ceux ayant les chances les plus faibles. Cependant, l'application de l'utilitarisme aux systèmes d'IA est controversée, car elle soulève des inquiétudes quant à l'équité et au traitement des minorités ou des groupes vulnérables.

2. Éthique déontologique: La déontologie privilégie le respect des règles, des obligations et des droits plutôt que les

conséquences des décisions. Dans le cadre de la prise de décisions en matière d'IA, cela implique de s'assurer que les systèmes d'IA prennent des décisions qui respectent les droits humains, préservent l'équité et évitent de causer des préjudices, quels qu'en soient les effets. Par exemple, les structures d'IA dans le domaine de la justice pénale ou des forces de l'ordre devraient adhérer à des principes moraux qui protègent les droits des individus, garantissant que les décisions prises par l'IA ne portent pas atteinte aux bonnes mœurs ni n'entraînent de conséquences injustes.

3. Éthique de la vertu: L'éthique de la vertu met l'accent sur l'importance de développer des comportements ou des vertus humaines précis, notamment la compassion, l'honnêteté et l'équité. En IA, cette approche pourrait impliquer la conception de systèmes reproduisant des comportements vertueux dans leurs processus décisionnels. Par exemple, une IA utilisée dans les services sociaux pourrait être programmée pour faire preuve d'empathie dans ses interactions avec les personnes dans le besoin. Cependant, l'éthique des caractéristiques distinctives en IA pose des défis, car les vertus sont subjectives et culturellement ancrées, ce qui complique l'élaboration de normes universelles de comportement pour l'IA.

4. Éthique des soins: L'éthique des soins met l'accent sur l'importance des relations, de l'empathie et du bien-être des

personnes. Dans le contexte de l'IA, une approche éthique des soins pourrait privilégier les décisions qui préservent ou embellissent la dignité humaine et protègent les personnes vulnérables. Une IA dans un contexte de soins, notamment pour les personnes âgées, pourrait être conçue pour donner la priorité au bien-être des personnes, en veillant à ce que leurs besoins émotionnels et physiques soient satisfaits avec compassion.

Si ces cadres éthiques constituent une base pour les choix moraux en IA, ils ne sont pas pour autant exclusifs. En pratique, les structures d'IA peuvent également intégrer des aspects de multiples théories éthiques, et leurs décisions peuvent également se montrer flexibles, adaptables au contexte et attentives à l'évolution des circonstances.

L'un des principaux défis de la prise de décision par l'IA réside dans son manque de transparence inhérent. De nombreuses structures d'IA, notamment celles reposant entièrement sur une maîtrise approfondie, fonctionnent comme des « boîtes noires », où le système décisionnel n'est pas facilement compréhensible par les humains. Cette opacité soulève des questions éthiques, notamment dans des domaines à enjeux élevés comme la santé, la justice pénale et la finance, où les choix peuvent avoir des conséquences considérables sur la vie des individus.

Pour répondre à ce problème, le domaine de l'« IA explicable » (IAX) a émergé, se spécialisant dans le développement de systèmes d'IA justifiant leurs choix de manière claire et compréhensible. Afin de proposer des choix éthiques, les systèmes d'IA doivent être explicables aux utilisateurs et aux parties prenantes, afin que leurs choix puissent être examinés et tenus responsables. Par exemple, si un système d'IA est utilisé pour le recrutement et qu'il rejette un candidat, celui-ci doit pouvoir comprendre les raisons de cette décision, qu'il s'agisse d'un biais, d'une perte de qualifications ou de tout autre facteur. Cette transparence permet aux individus de prendre des décisions basées sur l'IA et garantit le bon fonctionnement de l'appareil.

L'explicabilité n'est pas toujours essentielle à la responsabilisation, mais aussi à l'acceptation. Les utilisateurs sont plus enclins à accepter les décisions de l'IA s'ils comprennent comment ces choix ont été effectués, en particulier lorsque ces choix affectent leur vie. Sans transparence, les structures d'IA peuvent être perçues comme arbitraires ou injustes, ce qui entraîne un manque de confiance dans leur logiciel et leur intégrité.

À mesure que les systèmes d'IA s'intègrent de plus en plus à divers aspects de la vie, ils sont inévitablement confrontés à des situations qui engendrent des dilemmes éthiques. Ces dilemmes impliquent des choix pour lesquels il n'existe pas de solution idéale, et le système doit composer avec des valeurs et des intérêts contradictoires. Voici quelques exemples de dilemmes moraux dans le processus décisionnel de l'IA:

1. Véhicules autonomes: Lorsqu'une voiture autonome est confrontée à un coup du sort inévitable, l'IA doit-elle privilégier la sécurité des passagers ou celle des piétons ? Ce problème classique du « tramway » soulève des questions complexes sur la manière dont l'IA doit prendre des décisions vitales et sur les valeurs qui doivent guider ces choix.

2. IA dans le secteur de la santé: Dans le secteur de la santé, les systèmes d'IA peuvent être chargés de prendre des décisions concernant l'allocation de ressources limitées, notamment les respirateurs ou les transplantations d'organes. Un système d'IA doit-il privilégier la survie des jeunes patients, dont les taux de survie sont plus élevés, ou doit-il prendre en compte d'autres facteurs, tels que la qualité de vie des patients et leur contribution à la société ?

3. Justice pénale: Les systèmes d'IA sont de plus en plus utilisés dans la prévention policière et la détermination des peines. Dans ces contextes, l'IA doit prendre en compte le risque de récidive, les antécédents du délinquant et les intérêts de la société. Comment ces structures peuvent-elles éviter de perpétuer les préjugés actuels et garantir des conséquences équitables pour toutes les personnes concernées ?

4. Algorithmes des réseaux sociaux: Les algorithmes d'IA qui approuvent les contenus sur les réseaux sociaux sont confrontés à des exigences morales complexes: trouver un

équilibre entre liberté d'expression et prévention des contenus dangereux, tels que les discours de haine ou la désinformation. Comment les systèmes d'IA doivent- ils décider quels contenus promouvoir ou supprimer, et dans quelle mesure l'autonomie des utilisateurs doit-elle être respectée ?

Ces dilemmes éthiques mettent en évidence la difficulté de programmer des structures d'IA pour effectuer des choix moralement judicieux, ainsi que la tâche consistant à garantir que la prise de décision de l'IA soit conforme aux valeurs sociétales.

L'intersection entre prise de décision et éthique en intelligence artificielle représente l'un des défis les plus importants du développement et du déploiement des systèmes d'IA. À mesure que l'IA se développe, les décisions prises grâce à ces systèmes peuvent avoir de profondes implications pour les individus et la société. Il est crucial de créer des cadres éthiques qui guident les décisions de l'IA, en veillant à ce que ces cadres reflètent les valeurs humaines, préservent l'équité et protègent les droits humains. De plus, la transparence et l'explicabilité doivent être prioritaires pour instaurer un consensus au sein des systèmes d'IA et garantir que leurs décisions soient comprises, évaluées et tenues responsables. Alors que le domaine de l'IA continue d'évoluer, il est essentiel de participer aux discussions en cours sur les implications éthiques de la prise de décision en IA et d'affiner les cadres qui équilibrent les capacités de l'IA avec les obligations éthiques qui en découlent.

3.4. Responsabilité de l'IA dans la pratique

L'intelligence artificielle est passée d'un domaine expérimental à une pression omniprésente, influençant les échanges dans tous les secteurs, de la finance à la santé, des transports à la gouvernance. Cette évolution s'accompagne d'une reconnaissance croissante de la nécessité de responsabiliser les systèmes d'IA, qui prennent ou influencent fréquemment des décisions autrefois réservées aux humains. Or, la responsabilisation en IA est une problématique complexe et multidimensionnelle. Elle implique des considérations juridiques, techniques, organisationnelles et morales. Comprendre le fonctionnement pratique de la responsabilisation revient à décortiquer la répartition des responsabilités, la mise en œuvre de la transparence et la mise en œuvre des mécanismes de recours lorsque les systèmes d'IA causent des dommages. Dans ce chapitre, nous explorons la notion de responsabilisation concrète de l'IA, les cadres développés pour la guider et les défis concrets qui continuent de compliquer son application.

Fondamentalement, la responsabilité en matière d'IA renvoie aux mécanismes et aux obligations garantissant que les concepteurs, les déployeurs et les utilisateurs de systèmes d'IA sont responsables de leurs actes et des effets de ces structures.

Contrairement aux technologies traditionnelles, l'IA peut faire preuve d'une prise de décision autonome et d'un bon sens opaque, ce qui complique la tâche de traçage. Néanmoins, dans la pratique, la responsabilité consiste à garantir que les systèmes fonctionnent conformément aux normes juridiques et éthiques, et à garantir des recours en cas de violation de ces normes.

L'un des principaux piliers de la responsabilité de l'IA est la transparence. Concrètement, la transparence implique une documentation claire sur la manière dont un dispositif d'IA est devenu fonctionnel, les statistiques utilisées, les hypothèses qui ont guidé sa conception et les risques pris en compte. Les organisations sont de plus en plus souvent tenues de créer des « fiches de modèle » et des « fiches d'enregistrement » accompagnant les structures déployées. Ces artefacts servent d'informations techniques, détaillant la structure de la machine d'IA, ses méthodes de formation, ses sources de données, ses limites et son comportement attendu dans des contextes exceptionnels. Si une telle documentation ne résout pas l'opacité des modèles d'apprentissage profond, elle offre une base pour évaluer les décisions rétrospectivement et auditer le comportement de l'IA.

L'audit constitue un autre niveau de responsabilité pratique. Les audits internes et externes vérifient si les structures d'IA respectent les exigences réglementaires et éthiques. Ils peuvent également examiner des aspects aussi variés que les biais et l'équité, la dégradation des performances, l'interprétabilité, la confidentialité des informations et la cybersécurité. Des auditeurs tiers indépendants sont régulièrement recrutés dans des domaines à haut risque, tels que la finance et la santé. Par exemple, les banques utilisant des algorithmes de notation de crédit peuvent s'exposer à des amendes ou à une atteinte à leur réputation si leurs modèles révèlent des préjugés raciaux ou sexistes. Les auditeurs étudient les historiques de décisions, examinent les cas secondaires et examinent la parité statistique afin d'identifier des caractéristiques complexes. De plus en plus, les régulateurs préconisent des tests d'impact et des rapports de transparence obligatoires, c'est-à-dire des analyses structurées des implications sociétales d'un dispositif d'IA, à l'instar des études d'impact environnemental requises pour les projets de développement.

La responsabilisation exige également une série de responsabilités au sein des entreprises. Cela implique des rôles clairement définis pour les développeurs d'IA, les chefs de produit, les conseillers juridiques et les responsables de la conformité. Tout comme pour la sécurité des données, où le RGPD impose la nomination d'un délégué à la protection des données (DPD), certains cadres réglementaires suggèrent la nomination de responsables de l'éthique de l'IA ou de responsables de l'IA responsable. Ces rôles sont conçus pour superviser le cycle de vie éthique des structures d'IA – de la conception et de la formation au déploiement et à la surveillance – et pour assurer la liaison entre les équipes techniques et les parties prenantes externes. En cas de panne ou de comportement inattendu d'un système d'IA, il est essentiel de déterminer qui était responsable de chaque décision du processus de développement et quelles mesures de protection étaient en place.

Intégrer la responsabilisation dans les processus de développement de l'IA favorise également un mode de vie basé sur la transparence et la documentation éthiques. Le « signalement des incidents liés à l'IA » est une pratique émergente, inspirée des domaines aéronautique et scientifique, où les résultats inattendus ou les quasi-accidents sont documentés et partagés de manière anonyme afin de constituer une base de données institutionnelle et d'éviter les récidives. Des initiatives, notamment la « base de données des incidents liés à l'IA » du Partenariat sur l'IA, encouragent les organisations à partager des informations sur les erreurs ou les conséquences involontaires des systèmes d'IA. En tirant des leçons des erreurs collectives, l'industrie peut construire des systèmes plus robustes et élaborer des normes plus strictes.

La responsabilité juridique est un facteur clé de la responsabilité en pratique. Lorsqu'un système d'IA cause un préjudice – comme une voiture autonome percutant un piéton – déterminer la responsabilité juridique est une tâche complexe.

Les systèmes pénaux traditionnels reposent sur des acteurs humains et ne peuvent pas correctement saisir les entreprises distribuées. Les juridictions expérimentent des systèmes pénaux, notamment la « responsabilité stricte » (maintenant les entreprises responsables indépendamment de toute négligence) ou la « responsabilité du fait des produits » (considérant l'IA comme un produit défectueux). Des discussions sont également en cours sur la création d'un statut pénal distinct pour les vendeurs autonomes, même si cela reste controversé. La loi sur l'IA de l'Union européenne, par exemple, introduit une législation fondée sur les risques et place la responsabilité directement sur les déployeurs de systèmes d'IA à haut risque, exigeant une documentation, des contrôles des risques et une supervision humaine.

Concrètement, les entreprises réagissent à ce paysage juridique en constante évolution en élaborant des cadres de gouvernance interne. Ceux-ci comprennent souvent des comités d'éthique, des listes de contrôle pour une IA responsable et des programmes de formation pour les développeurs. Des entreprises comme Google, Microsoft et IBM ont publié des normes d'IA et créé des équipes d'IA responsable chargées de les mettre en œuvre. Cependant, les critiques affirment que les engagements volontaires sont insuffisants sans application et contrôle externe. Ainsi, les initiatives multipartites impliquant la société civile, le monde universitaire et le gouvernement gagnent en popularité en tant que modèles de gouvernance collaborative.

La responsabilité centrée sur l'utilisateur est une autre pratique essentielle. Cette approche garantit que les clients et les personnes concernées disposent de moyens clairs pour contester les décisions de l'IA et obtenir réparation. Par exemple, dans le domaine des outils de recrutement automatisé, les candidats refusés en raison de choix algorithmiques doivent être informés de la logique de la décision et être autorisés à solliciter ou à demander une évaluation humaine. Dans le secteur de la santé, les patients soumis à des systèmes de diagnostic doivent être en mesure de comprendre l'intention du diagnostic et de demander une contre-évaluation. Le concept d'« évaluation humaine significative » est désormais intégré dans de nombreuses réglementations afin de garantir une automatisation complète des décisions à enjeux élevés.

Les boucles de surveillance et de commentaires sont essentielles pour assurer la performance au fil du temps. Les systèmes d'IA ne sont pas statiques: ils recherchent, mettent à jour et évoluent. Une surveillance continue garantit que les systèmes restent fiables, précis et sécurisés dans des conditions changeantes. Le flux de modèles, les attaques malveillantes ou les boucles de commentaires accidentelles peuvent entraîner la dégradation de modèles auparavant fiables. Les organisations imposent des outils de journalisation des performances, des systèmes d'alerte en cas de comportement anormal et des protocoles de recyclage basés sur de nouvelles données. Cependant, cette tâche continue pose des défis logistiques et financiers, en particulier pour les petites agences.

Les modèles et cadres open source contribuent à la responsabilité pratique en permettant un contrôle par les pairs et un examen approfondi par la communauté. Lorsque les systèmes d'IA sont propriétaires et opaques, le grand public a peu de moyens de les évaluer. En revanche, lorsque les modèles, les ensembles de données et le code sont rendus publics, ils peuvent être analysés pour en vérifier l'équité, la protection et l'intégrité. Des initiatives telles que les normes de documentation d'OpenAI, les fiches de version de Hugging Face ou la boîte à outils d'IA responsable de Google fournissent des outils judicieux aux développeurs pour rendre leurs systèmes plus transparents et responsables dès le départ.

Malgré ces améliorations, la mise en œuvre concrète des responsabilités en matière d'IA reste inégale. De nombreuses organisations manquent de ressources ou d'incitations pour s'engager pleinement dans des pratiques d'IA responsables. Il existe également un décalage entre ambition politique et faisabilité technique. Par exemple, la mise en œuvre de l'explicabilité dans les réseaux neuronaux complexes reste un problème non résolu, et les stratégies de confidentialité différenciées, bien que prometteuses, impliquent encore des compromis de performance. De plus, la fragmentation géopolitique implique que les normes de responsabilité varient d'un pays à l'autre, créant des failles et des possibilités d'arbitrage réglementaire pour les agences internationales.

Pour favoriser la responsabilisation dans les activités, plusieurs mesures sont nécessaires. Premièrement, des exigences mondiales harmonisées pourraient éviter les situations de nivellement par le bas, où les entreprises opèrent dans les environnements les moins réglementés. Deuxièmement, il est nécessaire de fournir des investissements et un soutien aux petites entreprises pour qu'elles mettent en œuvre des pratiques responsables en matière d'IA. Troisièmement, des organismes de surveillance indépendants dotés de pouvoirs coercitifs, tels que les régulateurs financiers, doivent être mis en place pour auditer les structures d'IA à haut risque. Enfin, la formation et la sensibilisation du public à l'IA doivent être renforcées afin que les consommateurs, les journalistes et la société civile puissent s'engager sérieusement dans les décisions en matière d'IA.

La responsabilité de l'IA dans son exercice n'est pas une simple formalité pénale ou un outil public. C'est un principe fondamental qui garantit l'alignement du développement technologique sur les valeurs sociétales et protège les droits des personnes. De la documentation technique et des rôles organisationnels aux recours en justice et aux droits des utilisateurs, la responsabilité exige une action globale tout au long du cycle de vie de l'IA. À mesure que les systèmes d'IA deviennent plus performants et intégrés à l'infrastructure de la vie quotidienne, le besoin de mécanismes de responsabilité clairs, applicables et significatifs ne fera que s'accentuer. Ce n'est qu'en ancrant profondément ces pratiques dans les structures technologiques et institutionnelles que nous pourrons garantir que l'IA serve les droits du public au lieu de les compromettre.

CHAPITRE 4

IA et justice sociale

4.1. L'IA et les inégalités sociales

Alors que l'intelligence artificielle (IA) continue d'évoluer et de s'intégrer à divers aspects de la société, il est important de comprendre ses implications pour la justice sociale, notamment pour lutter contre les inégalités. La capacité de l'IA à transformer les économies, les marchés du travail, les soins de santé et l'éducation est porteuse d'une promesse évidente de développement. Cependant, sans une réflexion approfondie, son déploiement à grande échelle risque d'exacerber les disparités sociales actuelles, amplifiant ainsi les fractures sociales et économiques. Le rôle de l'IA dans la perpétuation ou l'atténuation des inégalités sociales soulève plusieurs questions complexes, allant des biais algorithmiques à la répartition inégale des ressources technologiques.

L'IA a le pouvoir de combler ou d'élargir les écarts entre les organisations socio-économiques, selon la manière dont elle est conçue et déployée. L'une des principales préoccupations concernant l'IA est sa capacité à perpétuer les biais inhérents aux données qu'elle aborde. Les systèmes d'IA étant régulièrement formés à partir de vastes ensembles de données reproduisant d'anciens modèles de comportement humain, ils peuvent adopter par inadvertance les biais présents dans ces ensembles de données. Par exemple, si un système d'IA est utilisé dans les stratégies de recrutement et est entraîné à partir d'anciennes décisions d'embauche, il peut reproduire des schémas discriminatoires fondés sur l'origine ethnique, le sexe ou le statut socio-économique, entraînant une perte de diversité et la perpétuation des inégalités systémiques. Cela nuit non seulement à l'équité du système, mais renforce également les systèmes sociétaux de privilèges et de désavantages.

De plus, le développement et le déploiement des technologies d'IA sont souvent concentrés dans les régions et les pays les plus riches, ce qui signifie que l'accès aux avantages de l'IA pourrait être disproportionné pour les populations aisées. Cette disparité pourrait engendrer ce que certains appellent une « fracture virtuelle », où les personnes issues de groupes à faibles revenus ou sous-représentés seraient laissées pour compte, privées des mêmes opportunités ou ressources que celles occupant des positions plus privilégiées. L'accès inégal à l'IA pourrait entraîner une concentration accrue du pouvoir et des richesses entre les mains de quelques-uns, exacerbant ainsi les inégalités internationales et communautaires. Par exemple, dans le domaine de la santé, les systèmes d'IA qui prédisent et diagnostiquent les maladies pourraient être moins accessibles dans les régions les plus pauvres, ce qui contribuerait à une disparité dans la qualité des soins reçus par les populations marginalisées.

Parallèlement, l'utilité de l'IA dans les structures de protection sociale, notamment la police prédictive ou la gestion de l'aide sociale, peut être à double tranchant. Si ces systèmes promettent d'améliorer l'efficience et l'efficacité des prestations, ils risquent également de renforcer les stéréotypes et les préjugés, en particulier lorsqu'ils ne sont pas soigneusement conçus et surveillés. L'IA dans les forces de l'ordre, par exemple, a été critiquée pour son ciblage disproportionné des groupes marginalisés, conduisant au profilage racial et à des traitements inéquitables. Cela n'affecte pas seulement les personnes directement concernées, mais peut également avoir des conséquences sociétales plus larges, notamment une méfiance envers les institutions publiques et une perte de confiance dans l'équité des systèmes judiciaires.

La lutte contre l'IA et les inégalités sociales nécessite une approche multidimensionnelle privilégiant l'inclusion, l'équité et la transparence dans le développement et le déploiement des systèmes d'IA. Les décideurs politiques, les technologues et les défenseurs de la justice sociale doivent œuvrer ensemble pour que l'IA ne devienne pas un outil aggravant les inégalités existantes, mais plutôt un moyen de promouvoir l'équité et le progrès social. Un aspect clé de cette démarche est de veiller à ce que les systèmes d'IA soient conçus à partir d'ensembles de données diversifiés, exempts de biais, et soumis à des audits réguliers afin d'évaluer leur impact sur les groupes marginalisés. De plus, un accès équitable à la technologie de l'IA doit être promu afin que chacun, quel que soit son origine sociale ou économique, puisse bénéficier des avantages de l'IA.

La relation entre l'IA et la justice sociale est complexe et nécessite un examen continu. Si l'IA a la capacité de remédier aux inégalités sociales, elle peut aussi les aggraver si elle n'est pas soigneusement contrôlée. En privilégiant l'équité, l'inclusion et la transparence, la société peut œuvrer pour que les technologies de l'IA soient un véritable levier de lutte contre les inégalités sociales, plutôt qu'une source de division supplémentaire.

4.2. L'impact de l'IA sur l'humanité

L'intelligence artificielle (IA) est devenue une force transformatrice dans les sociétés modernes, influençant presque tous les aspects de la vie humaine, des soins de santé et de l'éducation aux loisirs et à la communication. À mesure que les technologies d'IA progressent, elles pourraient transformer notre façon de travailler, d'interagir et d'appréhender le monde qui nous entoure. Si l'IA offre de nombreuses possibilités d'innovation et de développement, elle soulève également de profondes questions morales, sociales et mentales quant à son impact sur l'humanité.

L'un des effets majeurs de l'IA sur l'humanité est son impact sur le marché du travail et l'avenir du travail. Les technologies d'IA ont déjà commencé à automatiser de nombreuses tâches traditionnellement effectuées par des humains, notamment dans des secteurs comme la production, la logistique et le service client. Si cette automatisation peut accélérer l'efficacité et réduire les coûts, elle soulève également des questions quant au déplacement des processus et à l'avenir de l'emploi. De nombreuses personnes, notamment celles occupant des postes peu qualifiés ou répétitifs, risquent de perdre leur emploi, les machines et les algorithmes prenant le relais. La transition vers l'automatisation devrait exacerber les inégalités de revenus: les personnes occupant des emplois plus qualifiés ou axés sur les générations bénéficieront des avancées de l'IA, tandis que d'autres seront confrontées au chômage ou au sous-emploi.

Outre ses implications financières, l'IA transforme également la nature des interactions humaines et des relations sociales. Les réseaux sociaux, les moteurs de recherche comme Google et les systèmes de conseil alimentés par des algorithmes d'IA sont désormais profondément ancrés dans notre quotidien. Ces systèmes façonnent les données que nous consommons, les personnes avec lesquelles nous interagissons, voire nos opinions politiques. Si l'IA peut aider à connecter les individus du monde entier et fournir des conseils personnalisés, elle peut également contribuer à la création de bulles transparentes, où les individus ne sont exposés qu'aux informations qui correspondent à leurs convictions actuelles. Cela peut entraîner une polarisation accrue, la propagation de la désinformation et un déclin de la qualité du discours public.

De plus, l'IA a la capacité d'influencer la cognition et la prise de décision humaines. Avec l'essor des outils basés sur l'IA, tels que les assistants virtuels, les chatbots et les systèmes autonomes, les humains s'appuient de plus en plus sur les machines pour accomplir des tâches autrefois du ressort de l'intelligence humaine. Si cela peut accroître la commodité et l'efficacité, cela soulève également des questions sur la manière dont notre dépendance à l'IA pourrait également altérer nos capacités cognitives. Par exemple, s'appuyer sur l'IA pour la prise de décision pourrait réduire notre capacité de réflexion critique et de résolution de problèmes, car les individus peuvent en venir à accepter les jugements de l'IA comme supérieurs aux leurs. Ce recours croissant à l'IA pour arbitrer nos interactions et nos décisions peut également affecter notre capacité à établir des liens significatifs avec autrui, car nous interagissons de plus en plus avec les machines plutôt qu'avec les humains.

L'impact de l'IA sur la vie privée et la sécurité constitue une autre préoccupation majeure. À mesure que les systèmes d'IA accumulent et analysent d'importantes quantités de données personnelles, notamment des comportements en ligne, des statistiques médicales et des interactions sociales, le risque d'utilisation abusive de ces données deviendra un risque majeur. Les systèmes de surveillance basés sur l'IA, les technologies de reconnaissance faciale et l'analyse prédictive sont utilisés dans de nombreux secteurs, des forces de l'ordre aux soins de santé, soulevant des inquiétudes quant à l'érosion du droit à la vie privée et au potentiel de manipulation sociale par la surveillance. La capacité de l'IA à influencer les faits et gestes des individus et leurs préférences pourrait conduire à une société où la liberté individuelle serait compromise et où les individus seraient constamment surveillés et analysés par des machines.

De plus, les implications éthiques de l'IA sont devenues de plus en plus complexes à mesure que la génération progresse. Les systèmes d'IA, en particulier ceux utilisés dans des environnements à enjeux élevés comme les soins de santé et la justice pénale, sont censés prendre des décisions qui affectent des vies humaines. La capacité des algorithmes d'IA à être biaisés — qu'il s'agisse de diagnostics médicaux, de condamnations judiciaires ou de pratiques de recrutement — peut perpétuer et exacerber les inégalités sociales existantes. L'IA a la capacité de refléter et d'amplifier les biais présents dans les données sur lesquelles elle est entraînée, entraînant des conséquences injustes pour les communautés marginalisées. Garantir l'équité, la responsabilité et la transparence dans les structures d'IA est donc crucial pour prévenir les pratiques discriminatoires et protéger les droits des personnes.

La relation entre l'IA et l'identification humaine constitue également un domaine de préoccupation majeur. À mesure que les systèmes d'IA se perfectionnent, la frontière entre intelligence humaine et intelligence artificielle s'estompe. Le développement de l'intelligence artificielle générale (IAG) – des machines capables de reconnaître, d'étudier et d'observer les connaissances de manière comparable à celle des humains – soulève des questions sur la nature humaine. Si les systèmes d'IA peuvent imiter les approches et les comportements cognitifs humains, parviendront-ils à accomplir nos connaissances en matière de concentration, d'organisation et de personnalité ? Cette question existentielle ouvre des débats sur la nature même de l'intelligence et sur le rôle que l'IA devrait jouer dans la société.

Malgré ces inquiétudes, l'IA possède également un potentiel considérable pour améliorer le bien-être humain. Dans le domaine de la santé, elle est déjà utilisée pour faciliter le diagnostic, le développement de médicaments et la médecine personnalisée, offrant la possibilité d'une détection précoce des maladies et de traitements plus efficaces. Dans l'éducation, les outils basés sur l'IA peuvent aider à personnaliser les expériences d'apprentissage en fonction des besoins des étudiants, améliorant ainsi les résultats et répondant aux différents besoins des novices. L'IA peut également enrichir la créativité en assistant les artistes, les écrivains et les musiciens dans leurs stratégies créatives, offrant ainsi de nouvelles possibilités d'expression et d'innovation.

Afin de garantir que l'IA profite à l'humanité de manière juste et équitable, il est essentiel d'aborder son développement et son déploiement avec prudence et prévoyance. Les décideurs politiques, les éthiciens, les technologues et le public doivent participer aux discussions en cours sur les implications morales de l'IA et travailler ensemble à l'élaboration de cadres favorisant la transparence, la responsabilité et l'équité. En privilégiant les valeurs humaines et en veillant à ce que l'IA soit utilisée de manière à embellir, plutôt qu'à amoindrir, notre humanité, nous pourrons exploiter sa puissance pour créer un monde plus juste, plus équitable et plus compatissant.

À mesure que l'IA continue d'évoluer et de s'intégrer davantage à nos vies, son impact sur l'humanité continuera certainement de se faire sentir. Si l'IA présente à la fois des défis et des possibilités, il nous appartient, à long terme, de décider comment cette technologie performante façonnera l'avenir de la civilisation humaine. Avec une attention particulière, une gestion éthique et un engagement envers la justice sociale, nous pouvons faire en sorte que l'IA soit un outil de changement formidable, contribuant à créer un monde plus inclusif, plus compatissant et plus prospère pour tous.

4.3. L'avenir de la justice avec l'IA

À mesure que l'intelligence artificielle (IA) continue de s'adapter et que ses capacités se développent, elle influence de plus en plus des secteurs traditionnellement tributaires du jugement humain, notamment le droit, la gouvernance et la justice. L'avenir de la justice dans un monde dominé par l'IA recèle un potentiel considérable pour réformer les systèmes criminels, améliorer l'équité des décisions et améliorer l'accès à la justice. Cependant, elle soulève également d'importantes questions morales, philosophiques et juridiques quant au rôle que l'IA doit jouer pour garantir la justice et l'équité.

L'intégration de l'IA au système judiciaire a déjà commencé, certains pays expérimentant des outils basés sur l'IA pour faciliter les études criminelles, l'évaluation des dossiers et même la prise de décisions judiciaires. Dans les années à venir, nous nous attendons à ce que le rôle de l'IA dans la justice prenne une ampleur encore plus grande. Sa capacité à traiter des quantités considérables de données à des vitesses bien supérieures à celles des capacités humaines offre le potentiel de décisions juridiques plus précises, cohérentes et écologiques. Elle peut contribuer à rationaliser les approches juridiques, à réduire les retards et à garantir une meilleure gestion des ressources, en particulier dans les structures judiciaires surchargées.

Cependant, à mesure que l'IA s'intègre aux systèmes judiciaires, l'une des situations les plus urgentes pourrait être de garantir l'intégrité et l'absence de biais de ces structures. Les algorithmes d'IA sont aussi indépendants que les données sur lesquelles ils s'appuient. Si les structures d'IA sont entraînées sur des statistiques juridiques historiques contenant des biais, notamment raciaux, sexistes ou socio-économiques, elles risquent de perpétuer, voire d'exacerber, ces biais. Par exemple, un système d'IA utilisé dans les décisions de condamnation peut également proposer des sanctions plus sévères pour certaines organisations raciales ou ethniques s'il a été formé à partir de données biaisées provenant d'une machine historiquement discriminatoire. L'utilisation de l'IA dans des décisions aussi cruciales risque de saper la confiance du public envers le système judiciaire et d'entraîner des conséquences injustes.

Pour prévenir les biais dans les systèmes criminels basés sur l'IA, il est essentiel de s'assurer que les données utilisées pour alimenter ces algorithmes sont fiables, complètes et exemptes de toute discrimination. De plus, la transparence des approches décisionnelles de l'IA sera cruciale pour responsabiliser les systèmes et garantir l'équité. Tout comme les juges humains sont censés expliquer les raisons de leurs décisions, les systèmes d'IA devraient être tenus de fournir des motifs clairs et compréhensibles pour les effets qu'ils produisent. Cela permettra aux individus de prendre des décisions et d'intervenir si nécessaire, garantissant ainsi la transparence et la responsabilité du système judiciaire.

La question de la responsabilité se complexifie également lorsque l'IA est impliquée dans les processus décisionnels. Si un dispositif d'IA commet une erreur ou promet des résultats injustes, qui en est responsable ? Est-ce le développeur de l'IA, l'organisation carcérale qui l'a déployée ou l'IA elle-même ? En l'absence de cadres de responsabilité clairs, l'utilisation de l'IA dans le système judiciaire risque de conduire à des situations où des personnes sont lésées sans recours, ce qui compromet les principes de justice et d'équité. L'établissement de cadres juridiques clairs définissant la responsabilité dans l'utilisation de l'IA est essentiel pour garantir que justice soit rendue, même si les décisions sont prises par des machines.

Un autre aspect important de l'avenir de la justice grâce à l'IA est la possibilité d'améliorer l'accès aux services judiciaires. L'IA a le potentiel de démocratiser les services juridiques en les rendant plus abordables et accessibles aux personnes qui, autrement, n'auraient pas les moyens de se faire représenter. Les outils basés sur l'IA, tels que les chatbots, les systèmes de conseil judiciaire et les services de génération de dossiers, peuvent offrir une assistance judiciaire accessible et à faible coût à des personnes de tous horizons. Dans de nombreuses régions, des plateformes basées sur l'IA ont déjà été utilisées pour aider les personnes à connaître leurs droits judiciaires, à rédiger des contrats et à s'y retrouver dans des procédures pénales complexes. Ces outils ont le potentiel de révolutionner l'accès à la justice, en particulier dans les populations défavorisées où les services juridiques sont rares ou d'un coût prohibitif.

De plus, l'IA peut contribuer à améliorer l'efficacité et l'équité des mécanismes de règlement des litiges. Les systèmes d'arbitrage et de médiation basés sur l'IA devraient offrir des solutions plus rapides, moins coûteuses et plus neutres que les litiges traditionnels, allégeant ainsi la charge des tribunaux et permettant aux parties de résoudre leurs litiges avec plus d'efficacité. Ces systèmes doivent toutefois être conçus avec soin afin d'être exempts de tout parti pris, transparents et capables de prendre en compte les nuances de chaque cas. À mesure que l'utilisation de l'IA dans le règlement des litiges se développe, il deviendra crucial de trouver un équilibre entre efficacité et besoin de jugement humain, d'empathie et de compréhension.

Le rôle de l'IA dans la justice réparatrice est un autre domaine susceptible de connaître d'importantes améliorations à l'avenir. La justice réparatrice vise à réparer les préjudices et à rétablir les relations, plutôt qu'à punir les délinquants de manière absolue. L'IA pourrait être utilisée pour analyser les dossiers et fournir des informations permettant d'identifier les causes sous-jacentes de la criminalité, notamment les facteurs socio-économiques, les troubles de santé mentale ou les inégalités systémiques. L'intégration de l'IA aux pratiques de justice réparatrice pourrait permettre de créer une approche plus globale de la justice, qui non seulement punit les délinquants, mais s'attaque également aux causes profondes de la criminalité et favorise la réparation des victimes comme des délinquants.

Cependant, l'avenir de la justice grâce à l'IA n'est pas toujours exempt de dilemmes éthiques. L'un des principaux problèmes à résoudre est l'équilibre entre progrès technologique et droits humains. L'utilisation croissante de l'IA dans la surveillance, la police prédictive et le contrôle soulève des inquiétudes quant à la vie privée, aux libertés civiles et à la capacité de contrôle autoritaire. L'intégration de l'IA au système judiciaire doit se faire dans le respect des droits humains, la garantie de l'équité et la prévention des abus de pouvoir. Par exemple, si l'IA doit contribuer à prévenir et à prévenir la criminalité, il est crucial d'éviter son utilisation abusive à des fins qui ciblent de manière disproportionnée certains groupes ou portent atteinte au droit à la vie privée des individus.

De plus, à mesure que les structures d'IA deviennent plus sophistiquées, la question de savoir si l'IA doit jouer un rôle dans les décisions judiciaires se complexifie. Les machines devraient-elles avoir le pouvoir de prendre des décisions finales en matière pénale, ou doivent-elles rester des outils d'assistance aux juges et aux experts criminels ? Nombreux sont ceux qui affirment que le facteur humain dans la justice – empathie, intuition et sens des valeurs éthiques – est irremplaçable. Si l'IA peut offrir des informations précieuses, la responsabilité ultime des décisions pénales devrait également rester entre les mains des humains afin que justice soit non seulement rendue, mais qu'elle ait l'air d'être rendue.

En fin de compte, l'avenir de la justice grâce à l'IA est à la fois prometteur et source de défis considérables. L'IA a le potentiel d'améliorer l'efficacité, l'accessibilité et l'équité des systèmes judiciaires, mais seulement si elle est développée et mise en œuvre de manière à privilégier l'équité, la transparence et les droits humains. Alors que l'IA continue de transformer le paysage judiciaire, il sera crucial de créer des cadres capables de gérer les implications morales, pénales et sociales de son utilisation en justice. En équilibrant soigneusement les avantages de l'IA avec l'engagement de protéger les valeurs humaines fondamentales, nous pouvons garantir que l'avenir de la justice reste juste, équitable et conforme aux besoins de la société.

4.4. L'IA et l'accès aux opportunités

L'intelligence artificielle (IA) façonne de plus en plus le paysage des opportunités dans de nombreux secteurs, notamment l'éducation, l'emploi, la finance, la santé et bien d'autres. Son potentiel transformateur promet de démocratiser l'accès, de personnaliser les services et d'ouvrir de nouvelles voies de progrès social et économique. Cependant, le rôle de l'IA dans l'élargissement ou la restriction de l'accès aux opportunités est complexe et à double tranchant. Si les systèmes d'IA peuvent réduire les barrières traditionnelles et accroître les capacités des utilisateurs, ils risquent également de perpétuer, voire d'exacerber, les inégalités existantes s'ils ne sont pas conçus et gérés avec soin. Ce chapitre explore l'influence de l'IA sur l'accès aux opportunités, ses mécanismes d'action et les considérations éthiques, sociales et politiques essentielles pour garantir qu'elle favorise l'inclusion plutôt que l'exclusion.

L'intégration de l'IA aux stratégies de recrutement et d'embauche est l'un des moyens les plus visibles d'y accéder. La sélection automatisée des CV, l'analyse prédictive et les algorithmes de classement des candidats promettent de simplifier la sélection et de réduire les biais humains. Ces systèmes peuvent analyser rapidement de grands volumes de candidatures, identifier les candidats qualifiés et adapter leurs compétences aux exigences du poste avec des performances remarquables. Pour les candidats issus d'organisations sous-représentées ou marginalisées, l'IA offre le potentiel d'égaliser les chances en ciblant les critères d'évaluation et les tests basés sur les compétences. Cependant, en pratique, ces structures reflètent et renforcent souvent les biais historiques ancrés dans les statistiques de l'éducation. Par exemple, si, au-delà des décisions d'embauche, certains groupes démographiques sont privilégiés de manière disproportionnée, l'IA peut également trouver des moyens de reproduire ces tendances, désavantageant systématiquement les autres. Ce phénomène peut restreindre l'accès aux opportunités de recrutement pour les femmes, les minorités et les candidats non traditionnels, creusant ainsi les inégalités au lieu de les atténuer.

Dans l'enseignement, les systèmes d'apprentissage adaptatifs pilotés par l'IA personnalisent l'enseignement en ajustant dynamiquement le contenu et le rythme selon les besoins de l'apprenant. Cette technologie peut offrir aux élèves de tous horizons un soutien sur mesure, favorisant ainsi un meilleur engagement et de meilleurs résultats. De plus, l'IA peut améliorer l'accès à une éducation de qualité dans les régions éloignées ou mal desservies grâce au tutorat en ligne, à la traduction et à la notation automatisée. Ces avancées sont prometteuses pour la démocratisation de l'éducation à l'échelle mondiale. Pourtant, des situations difficiles persistent. L'accès inégal aux infrastructures numériques, les disparités de qualité de l'information et le risque de biais algorithmiques peuvent également compromettre l'égalité des chances. De plus, le recours à l'IA peut marginaliser par inadvertance les débutants qui ne maîtrisent pas les modèles d'apprentissage connus ou qui ont besoin d'un accompagnement humain au-delà de ce que l'IA peut offrir. Veiller à ce que l'IA améliore les enseignants humains plutôt que de les remplacer est essentiel pour garantir l'égalité des chances.

La finance est un autre secteur où l'IA redéfinit l'accès aux opportunités. Les algorithmes de notation de crédit, optimisés par l'IA, comparent les dossiers de prêt avec plus de rapidité et de précision, élargissant potentiellement l'accès au crédit à ceux qui étaient auparavant exclus en raison de la perte de leurs antécédents de crédit traditionnels. Les plateformes de microfinance et les offres bancaires numériques basées sur l'IA ont contribué à l'inclusion financière de millions de personnes dans le monde. Cependant, l'opacité de certains modèles d'IA soulève des questions d'équité et de discrimination. Les facteurs corrélés aux caractéristiques couvertes, comme la région ou le type d'emploi, peuvent être pondérés de manière inéquitable, ce qui entraîne des décisions de prêt biaisées. De plus, les choix algorithmiques peuvent manquer de transparence, empêchant les demandeurs de comprendre ou de contester les refus. Des politiques favorisant l'explicabilité, les audits d'équité et les recours individuels sont essentielles pour garantir que l'IA favorise les possibilités économiques plutôt que de les restreindre.

L'accès aux soins de santé a également été transformé par l'IA, des systèmes de diagnostic aux recommandations thérapeutiques personnalisées. L'IA peut identifier des tendances dans les données cliniques pour détecter les maladies plus tôt et plus précisément que certaines approches traditionnelles, améliorant ainsi les soins préventifs et les résultats thérapeutiques. Le diagnostic à distance et la télémédecine, basés sur l'IA, élargissent l'accès aux soins aux populations rurales et mal desservies. Cependant, les disparités dans les données éducatives, reflétant la sous-représentation des organisations, peuvent entraîner des diagnostics erronés ou des soins inadéquats pour les minorités. De plus, la fracture numérique peut également restreindre l'accès aux innovations médicales basées sur l'IA pour les patients économiquement défavorisés. Un déploiement éthique nécessite de garantir de nombreux ensembles de données, des algorithmes culturellement adaptés et des investissements infrastructurels pour combler les lacunes en matière d'accès.

Au-delà de ces secteurs, l'IA influence l'accès aux opportunités dans les services sociaux, l'aide pénitentiaire, le logement, voire les industries innovantes. L'automatisation des évaluations d'éligibilité aux demandes d'aide sociale peut simplifier l'aide, mais peut aussi exclure des personnes vulnérables en raison d'informations erronées ou de normes rigides. L'IA dans l'analyse pénitentiaire peut améliorer l'accès à la justice en facilitant les enquêtes et l'analyse des dossiers, mais elle peut également susciter des inquiétudes quant à l'équité si les outils d'aide à la décision sont utilisés sans supervision humaine adéquate. Dans les domaines innovants, le contenu et les outils générés par l'IA peuvent réduire les obstacles à l'accès, permettant une plus large participation à l'art, à la musique et à la littérature, même si des questions se posent quant à la propriété intellectuelle et à l'authenticité.

Fondamentalement, l'impact de l'IA sur les possibilités se forge à partir des données dont elle tire des enseignements. Les inégalités historiques et structurelles ancrées dans les statistiques reflètent la discrimination systémique et la stratification sociale. Si les systèmes d'IA sont conçus sans tenir compte de ces biais, ils risquent de perpétuer l'exclusion et l'injustice. Pour y remédier, il est nécessaire de détecter proactivement les biais, de rechercher des données variées et d'assurer un suivi continu. Des procédures de conception inclusives impliquant les parties prenantes des communautés marginalisées contribuent à garantir que les programmes d'IA reflètent la diversité des histoires et des besoins.

La gouvernance et le droit jouent un rôle essentiel dans la définition d'un accès équitable aux opportunités offertes par l'IA. Les cadres juridiques qui garantissent la non-discrimination, imposent la transparence et exigent des études d'impact contribuent à la protection contre les conséquences néfastes. Les normes en matière d'éthique statistique, de confidentialité et de responsabilité algorithmique favorisent l'acceptation et l'équité. La collaboration entre les secteurs public et privé est essentielle pour élaborer des politiques qui équilibrent l'innovation et la sécurité des organisations vulnérables.

Les actions éducatives sont également essentielles pour démocratiser les avantages de l'IA. Les programmes d'alphabétisation numérique permettent aux individus de reconnaître, de questionner et d'exploiter l'IA. Les initiatives de requalification et de formation continue des travailleurs préparent les populations aux transformations du marché du travail induites par l'IA, réduisant ainsi le risque de substitution technologique. Les efforts visant à diversifier les équipes de recherche et de développement en IA renforcent la compétence culturelle et la sensibilité éthique, favorisant ainsi des structures au service d'un public plus large.

L'IA possède un potentiel transformateur pour élargir l'accès aux opportunités, réduire les obstacles et autonomiser les individus de tous horizons socio-économiques. Cependant, comprendre ce potentiel exige une attention particulière aux dynamiques sociotechniques qui façonnent son déploiement. Corriger les biais liés aux données, garantir la transparence, favoriser une conception inclusive et mettre en place une gouvernance solide sont impératifs pour empêcher l'IA de devenir un nouveau vecteur d'exclusion. Alors que de plus en plus de sociétés s'appuient sur l'IA pour allouer les opportunités, la tâche ne réside plus seulement dans l'innovation technologique, mais dans l'intégration de l'équité, de la justice et de la dignité humaine au cœur des systèmes d'IA. Grâce à ces efforts, l'IA peut devenir un outil d'autonomisation plutôt que de marginalisation, ouvrant ainsi de nouvelles perspectives pour tous.

4.5. Équité algorithmique dans les services publics

Alors que l'intelligence artificielle s'intègre de plus en plus au sein des services publics, le principe d'équité algorithmique apparaît comme une préoccupation majeure aux profondes implications sociétales. Les gouvernements et les institutions publiques font appel à des systèmes basés sur l'IA pour prendre des décisions dans des domaines tels que la distribution de l'aide sociale, la justice pénale, l'allocation des soins de santé, l'éducation et la protection civile. Si ces programmes promettent une efficacité, une cohérence et une évolutivité accrues, ils risquent également de perpétuer ou d'amplifier les inégalités sociales existantes si l'équité n'est pas soigneusement garantie. L'équité algorithmique dans les services publics n'est donc plus seulement une mission technique, mais un impératif démocratique, impliquant un processus global qui entremêle concepts éthiques, cadres juridiques, rigueur technique et responsabilité publique.

Les services publics s'étendent essentiellement à de nombreux programmes du secteur privé, car ils affectent directement les droits, les opportunités et le bien-être des citoyens, souvent sous l'égide du droit social. Par conséquent, l'équité des algorithmes utilisés dans ces domaines est primordiale pour préserver l'intégrité du public et faire respecter les normes d'égalité et de justice. Par exemple, les outils d'évaluation des risques au sein du système de justice pénale, qui utilisent les taux de récidive pour influencer les décisions de libération conditionnelle, ont été scrutés car ils intègrent des préjugés raciaux qui affectent de manière disproportionnée les populations minoritaires. De même, les algorithmes d'IA déployés pour déterminer l'admissibilité à l'aide sociale peuvent également exclure par inadvertance des personnes concernées en raison de statistiques incomplètes ou biaisées. Ces exemples mettent en évidence les effets tangibles des algorithmes injustes et soulignent la nécessité d'une gouvernance transparente et équitable de l'IA dans le secteur public.

Définir l'équité en soi est une tâche complexe, rendue complexe par la pluralité des points de vue normatifs et des interprétations techniques. Il existe différents indicateurs formels d'équité – notamment la parité démographique, l'égalité des chances et la parité prédictive – privilégiant chacun des notions distinctes d'équité et de stabilité statistique. Cependant, il est mathématiquement impossible de satisfaire simultanément tous les critères d'équité dans de nombreuses situations réelles, ce qui conduit à des compromis nécessitant des jugements de valeur tenant compte du contexte social et des visions politiques. Par conséquent, les choix concernant les définitions d'équité à adopter doivent impliquer des parties prenantes autres que les technologues, notamment des éthiciens, des professionnels de la criminalité, des groupes concernés et des décideurs politiques.

Atteindre l'équité algorithmique commence par une attention particulière aux faits. Les ensembles de données des services publics reflètent souvent des injustices anciennes, des discriminations systémiques et des disparités socio-économiques. Sans correction, les modèles d'IA pédagogique basés sur ces données risquent d'intégrer des biais dans la prise de décision automatisée. Les efforts de curation des données, notamment la détection, l'équilibrage et l'augmentation des biais, sont nécessaires, mais insuffisants à eux seuls. Les développeurs doivent mettre en œuvre des techniques d'apprentissage automatique soucieuses d'équité qui ajustent les objectifs d'entraînement des modèles afin d'atténuer les conséquences discriminatoires. Parmi les exemples, on peut citer la repondération des échantillons, l'intégration de contraintes d'équité et l'utilisation de tactiques de débiaising hostiles. Cependant, ces interventions techniques doivent être contextualisées au sein de l'activité et des missions du service public.

La transparence et l'explicabilité sont des facteurs essentiels à l'équité. La confiance du public repose sur la capacité à comprendre le fonctionnement des structures d'IA et à prendre des décisions. Les stratégies d'IA explicable (XAI) peuvent fournir des informations sur l'importance des caractéristiques, les voies de décision et les obstacles aux modèles, permettant ainsi aux organismes de surveillance et aux personnes concernées d'évaluer sérieusement les revendications d'équité. De plus, la transparence facilite l'audit et la responsabilisation, permettant aux régulateurs et à la société civile de repérer et de traiter proactivement les pratiques déloyales.

Les cadres de gouvernance jouent un rôle important dans l'intégration de l'équité dans l'IA en milieu public. Les obligations légales, notamment le Règlement général sur la protection des données (RGPD) de l'Union européenne, mettent en œuvre les droits liés à la prise de décision automatisée, notamment la transparence, la contestabilité et la non-discrimination. Les nouvelles directives spécifiques à l'IA mettent de plus en plus l'accent sur l'équité comme exigence fondamentale. Au-delà du respect des lois, de nombreux gouvernements mettent en place des lignes directrices éthiques, des organismes de contrôle indépendants et des mécanismes participatifs pour impliquer les citoyens dans l'élaboration des politiques en matière d'IA. Ces structures institutionnelles contribuent à garantir que le déploiement de l'IA soit conforme aux valeurs sociétales et aux droits humains.

Les groupes du secteur public doivent également ancrer une tradition interne privilégiant l'équité. Cela implique de former les praticiens et les décideurs de l'IA aux questions éthiques, de créer des groupes interdisciplinaires, notamment des spécialistes des sciences sociales et de l'éthique, et d'intégrer des contrôles d'équité dans les processus de développement. Un suivi continu des structures déployées est essentiel pour détecter les variations dans la distribution des données ou les écarts de performance au fil des ans. Les boucles de rétroaction intégrant les rapports et les procédures des utilisateurs améliorent la réactivité et les mesures correctives.

De plus, l'équité dans les services publics doit tenir compte de l'intersectionnalité: la façon dont le chevauchement des identités sociales, notamment l'origine ethnique, le genre, l'origine ethnique et le handicap, aggrave les situations de discrimination. Des algorithmes, pourtant fiables lorsqu'ils sont évalués sur un seul attribut, peuvent néanmoins produire des conséquences injustes pour les entreprises à l'intersection de multiples identités marginalisées. Aborder cette complexité nécessite des indicateurs d'équité sophistiqués et des analyses multidimensionnelles, ainsi qu'une prise en compte des expériences vécues par différents groupes.

Enfin, l'équité algorithmique rejoint les efforts sociétaux plus larges visant à remédier aux inégalités structurelles. Si une IA honnête peut atténuer certains préjudices, elle ne peut remplacer des règles sociales globales visant à réduire la pauvreté, le racisme systémique et l'accès inégal aux ressources. L'équité en matière d'IA doit s'inscrire dans une approche intégrée incluant l'éducation, les opportunités financières et les actions de justice sociale.

Garantir l'équité algorithmique dans les appels publics à l'épargne est une entreprise multidimensionnelle qui requiert innovation technologique, image éthique, contrôle juridique et participation démocratique. Alors que les structures d'IA influencent de plus en plus le processus de sélection publique, l'intégration de garanties d'équité est essentielle pour préserver les droits de la personnalité, préserver la cohésion sociale et promouvoir des effets équitables. En relevant ces défis, les sociétés peuvent exploiter les avantages de l'IA tout en respectant les valeurs fondamentales qui sous-tendent le service public.

CHAPITRE 5

L'IA et le dilemme moral

5.1. La confrontation de l'IA aux dilemmes moraux

Alors que l'intelligence artificielle (IA) continue de progresser, l'un des défis les plus urgents auxquels nous sommes confrontés concerne les dilemmes moraux auxquels les systèmes d'IA peuvent être confrontés. Ces dilemmes touchent non seulement la programmation des machines, mais aussi l'éthique même de la prise de décision dans des contextes où la vie, les valeurs et les droits humains sont en jeu.

Les systèmes d'IA ne sont ni intrinsèquement éthiques ni immoraux; ce sont des outils conçus par des humains, capables de traiter d'énormes quantités de données, d'identifier des tendances et de prendre des décisions basées sur des algorithmes. Cependant, à mesure que les systèmes d'IA gagnent en autonomie, ils sont confrontés à des situations où il n'existe pas de solutions simples. Ces situations impliquent souvent des concepts moraux contradictoires, où les décisions prises par l'IA devraient avoir de vastes implications morales.

L'exemple le plus classique d'IA confrontée à un dilemme moral provient du domaine des moteurs autonomes. Imaginez un véhicule autonome confronté à un obstacle inattendu sur la route. Il doit faire un choix en une fraction de seconde: doit-il braquer pour percuter une personne, sauvant ainsi les autres passagers, ou doit-il éviter l'obstacle, mettant potentiellement en danger la vie de ses occupants, mais sauvant celle des passagers à l'extérieur ? Ce scénario résume le traditionnel « problème du chariot », une expérience de notion morale largement débattue dans le contexte de l'éthique de l'IA. Le problème est complexe, car il nous confronte à des questions essentielles sur l'utilitarisme, les droits et la valeur de l'existence humaine.

Les véhicules autonomes, les structures de santé, les drones militaires et l'IA dans les politiques sociales sont autant de situations où l'IA doit prendre des décisions ayant un impact sur le bien-être humain. Dans le secteur de la santé, par exemple, une IA peut être chargée de recommander des traitements aux patients, mais elle peut se retrouver confrontée à un dilemme: un traitement est plus efficace pour un groupe de patients, mais présente des risques importants pour un autre. Dans ces contextes, la prise de décision de l'IA devient particulièrement complexe, compte tenu des aspects humains que sont la partialité, la confidentialité et l'équité.

Le cœur du dilemme éthique posé par l'utilisation de l'IA réside dans le fait qu'elle est bien souvent incapable de comprendre les nuances des émotions, des relations et des valeurs culturelles humaines. Si une IA est capable d'analyser des données et d'obtenir des résultats avec une précision exceptionnelle, elle est incapable de ressentir de l'empathie ni de maîtriser le poids émotionnel de ses décisions. Cela met en évidence l'importante tension entre la nature objective des algorithmes et les analyses subjectives qui influencent régulièrement les décisions éthiques.

De plus, l'efficacité des décisions de l'IA dépend de la pertinence des données sur lesquelles elle est entraînée. Si les données qu'elle traite comportent des biais, ceux-ci seront nécessairement pris en compte dans ses décisions. Cela crée un dilemme moral, car un système d'IA pourrait vouloir perpétuer les inégalités ou discriminer certaines entreprises sans intention humaine. S'attaquer à ces biais est essentiel pour garantir que l'IA ne cause pas de tort ni ne perpétue accidentellement les inégalités sociales, mais cela ouvre également une voie pour garantir l'équité dans l'apprentissage des algorithmes par les systèmes.

À mesure que les structures d'IA s'intègrent à des secteurs de plus en plus complexes de la société, les dilemmes éthiques auxquels elles sont confrontées sont susceptibles de se développer. La tâche ne consiste pas seulement à garantir que les structures d'IA prennent des décisions conformes à nos valeurs morales, mais aussi à déterminer les responsabilités lorsque les systèmes d'IA prennent des décisions néfastes ou contraires à l'éthique. Les créateurs de ces structures doivent-ils être tenus responsables ? Ou l'IA elle-même doit-elle assumer la responsabilité de ses actes, notamment en cas de dommages accidentels ?

Ces questions de responsabilité et d'organisation morale nous amènent au problème fondamental du rôle de l'IA dans la société. L'IA doit-elle être considérée comme un simple outil d'aide à la décision humaine, ou doit-elle être identifiée comme une entité indépendante capable de faire des choix moraux ? Cette question philosophique demeure un sujet de débat intense, d'autant plus que les structures d'IA deviennent de plus en plus performantes et capables de prendre des décisions aux conséquences profondes.

La confrontation entre l'IA et les dilemmes moraux soulève de profondes questions sur le destin de notre époque et de l'éthique. Alors que les systèmes d'IA se conforment sans cesse, nous devons nous demander comment nous souhaitons que les machines évoluent dans des environnements moraux complexes et comment, en tant que société, nous pouvons garantir que les choix de l'IA soient conformes à nos normes éthiques collectives. Ce dialogue permanent façonnera la fonction de l'IA dans nos vies et déterminera le cadre moral dans lequel ces technologies s'inscrivent.

5.2. L'IA et la sécurité humaine

Alors que les systèmes d'intelligence artificielle (IA) sont de plus en plus intégrés dans divers secteurs, leur impact sur la protection humaine constitue un enjeu crucial. Ce problème concerne les États-nations, physiques et numériques, où l'intervention de l'IA peut présenter des risques, mais aussi des possibilités de protection des individus, des sociétés et des nations. L'intersection entre IA et protection humaine soulève des questions cruciales quant à la manière de garantir que les systèmes d'IA protègent, au lieu de menacer, le bien-être humain dans tous les contextes.

L'IA est capable d'améliorer la sécurité humaine à grande échelle. Dans des domaines comme la santé, le maintien de l'ordre, la protection et la réaction aux catastrophes, les technologies d'IA offrent des capacités remarquables pour anticiper, protéger et atténuer les menaces. Par exemple, dans le domaine de la sécurité publique, les systèmes de surveillance pilotés par l'IA peuvent analyser de grandes quantités de données pour détecter d'éventuelles activités criminelles ou identifier les menaces émergentes, prévenant ainsi potentiellement les dommages avant qu'ils ne surviennent. De même, le rôle de l'IA en cybersécurité, où elle est utilisée pour détecter et répondre aux activités malveillantes en temps réel, est essentiel pour se protéger contre un nombre croissant de cybermenaces.

Dans le domaine de la santé, l'IA est également censée renforcer la sécurité en améliorant les diagnostics, la précision des traitements et l'efficacité des interventions d'urgence. Par exemple, les structures basées sur l'IA peuvent identifier des schémas cliniques qui pourraient passer inaperçus aux yeux des praticiens humains, permettant ainsi une détection plus précoce des maladies et, in fine, une amélioration des résultats pour les patients. La capacité de l'IA à anticiper et à modéliser d'éventuelles épidémies ou crises sanitaires constitue un autre domaine dans lequel elle peut garantir la sécurité humaine à l'échelle mondiale.

Malgré ces avantages, l'essor de l'IA présente des dangers considérables pour la sécurité humaine, notamment lorsque les structures d'IA sont mal utilisées, mal conçues ou défectueuses. L'une des préoccupations les plus immédiates est la militarisation de l'IA. Les drones autonomes, les systèmes d'armes autonomes et les technologies militaires pilotées par l'IA sont susceptibles de modifier le paysage des conflits, créant de nouveaux risques pour les combattants comme pour les civils. La capacité de l'IA à prendre des décisions concernant des situations de vie et de mort sans contrôle humain soulève de profondes questions éthiques et sécuritaires, notamment en matière de responsabilité et de risque d'escalade involontaire dans les zones de conflit.

Les systèmes d'IA, de par leur complexité, sont également vulnérables au piratage et à la manipulation. Un système d'IA compromis pourrait être détourné et endommager des infrastructures vitales, des réseaux énergétiques aux systèmes de transport, mettant potentiellement en danger des millions de vies. De telles attaques pourraient perturber des services essentiels, compromettant la sécurité et la stabilité des populations dans les zones touchées. La vulnérabilité des systèmes d'IA aux cyberattaques souligne l'importance de la cybersécurité pour la protection de la sécurité humaine. À mesure que les systèmes d'IA se généralisent dans des secteurs cruciaux comme l'électricité, les communications verbales et les transports, leur résilience aux attaques devient cruciale pour le bien-être de la société.

Dans l'univers numérique, le rôle de l'IA dans la surveillance et la collecte d'informations soulève également des questions relatives à la vie privée et aux libertés civiles. Si l'IA peut renforcer la protection en surveillant les menaces, elle peut aussi porter atteinte aux droits des personnes si elle est utilisée à mauvais escient. Dans les régimes autoritaires, par exemple, la surveillance induite par l'IA peut servir à filtrer et réprimer la dissidence, menaçant ainsi les libertés individuelles et la stabilité sociale. Il est essentiel de garantir que l'utilisation de l'IA à des fins de surveillance soit éthique et transparente, avec des garanties appropriées pour protéger la vie privée, afin de concilier le besoin de protection et la protection des droits individuels.

Le potentiel de l'IA pour la prise de décisions, appliqué aux situations d'urgence à enjeux élevés, peut également engendrer des situations complexes. En cas de catastrophe, l'IA peut être déployée pour trier les patients, allouer les ressources ou contrôler les opérations d'évacuation. Cependant, le recours à des structures d'IA pour prendre des décisions qui affectent des vies humaines accroît les préoccupations en matière d'équité, de transparence et de responsabilité. Si un système d'IA devait faire un choix erroné ou biaisé, cela pourrait avoir des conséquences néfastes sur la vie des patients, compliquant ainsi les efforts visant à assurer la sécurité des populations vulnérables.

De plus, le rôle croissant de l'IA dans les appareils personnels et les technologies intelligentes a engendré de nouveaux risques pour la sécurité humaine. Des assistants vocaux aux véhicules autonomes, les appareils pilotés par l'IA collectent en permanence des données sur les actions, les possibilités et le comportement des individus. Si ces statistiques peuvent améliorer l'apprentissage des utilisateurs et renforcer la sécurité, elles créent également de nouvelles vulnérabilités. Les données personnelles peuvent être exploitées à des fins malveillantes, notamment pour l'usurpation d'identité, ou utilisées pour influencer les comportements par le biais de campagnes ciblées de désinformation. Face à la dépendance croissante des individus aux systèmes d'IA pour leurs activités quotidiennes, protéger ces données contre les violations ou les abus est essentiel pour préserver la sécurité personnelle.

La capacité de l'IA à améliorer la sécurité doit également être mise en balance avec le risque de création de nouvelles formes d'inégalités. L'accès aux technologies de sécurité basées sur l'IA pourrait avantager de manière disproportionnée certains organismes, rendant d'autres plus vulnérables aux menaces de sécurité. Par exemple, des systèmes de surveillance plus performants pourraient être utilisés principalement dans les régions plus riches ou plus développées, laissant les groupes marginalisés moins protégés. De même, la répartition inégale des avantages de l'IA dans les domaines de la santé ou de l'éducation pourrait exacerber les disparités actuelles d'accès aux services essentiels, compromettant ainsi les efforts visant à promouvoir la sécurité humaine dans le monde.

La gestion de ces risques nécessite une approche multidimensionnelle impliquant les gouvernements, les industries et les agences mondiales. L'élaboration de cadres mondiaux pour une utilisation responsable de l'IA, la garantie de la transparence de sa conception et de sa mise en œuvre, et la responsabilisation des structures d'IA quant à leurs mouvements sont essentielles pour garantir que l'IA contribue positivement à la sécurité humaine. De plus, l'intégration de considérations éthiques dans l'amélioration des technologies d'IA est essentielle pour mettre fin aux abus et minimiser les risques de dommages.

Le rôle de l'IA dans la sécurité humaine offre à la fois de vastes possibilités et de nombreux défis. Face à l'évolution constante de l'IA, il est crucial de développer des stratégies pour exploiter son potentiel tout en faisant face aux dangers qu'elle représente. L'avenir de la sécurité humaine dépendra non seulement des avancées technologiques, mais aussi de notre capacité à gérer les enjeux éthiques, politiques et sociétaux qui accompagnent l'essor de l'IA. En intégrant l'IA à un engagement envers la protection de la dignité humaine, de la vie privée et des droits, nous pouvons garantir qu'elle soit une force au service du droit, renforçant la protection tout en minimisant les dommages.

5.3. Le rôle de l'IA dans la société

La présence croissante de l'intelligence artificielle (IA) dans la société marque une transformation profonde du fonctionnement des individus, des groupes et des institutions. L'IA a déjà démontré sa capacité à transformer de nombreux secteurs, de la santé aux transports, de l'éducation au divertissement, et même à la gouvernance. Cependant, les implications plus profondes du rôle de l'IA dans la société vont au-delà de ses capacités technologiques, soulevant des questions essentielles quant à son impact sur les systèmes sociaux, les relations et les normes culturelles.

Au cœur du rôle sociétal de l'IA se trouve sa capacité à générer des niveaux exceptionnels de performance et d'innovation. Dans le monde des affaires, les structures d'IA permettent aux équipes d'automatiser les processus, d'améliorer le service client et d'optimiser les capacités décisionnelles. La capacité de l'IA à analyser rapidement et efficacement de vastes ensembles de données permet le développement de stratégies et de solutions plus performantes. L'adoption continue de l'IA par les industries accroît les capacités de croissance économique et de productivité, mais le risque de perturbations majeures augmente également. L'automatisation peut transformer les emplois dans les secteurs traditionnels, ce qui entraînera une transformation du marché du travail et nécessitera une réévaluation des structures de travail.

Si l'IA permet d'améliorer la productivité, elle accroît également les inquiétudes concernant le chômage et les inégalités de revenus. L'automatisation des tâches habituelles dans des secteurs comme la production, le transport et la vente au détail menace de déplacer des millions de personnes, notamment celles occupant des emplois peu qualifiés. Si l'IA peut créer de nouvelles opportunités dans les secteurs technologiques, la transition ne sera pas aisée pour ceux dont les compétences ne sont pas immédiatement transférables au système économique axé sur l'IA. Par conséquent, la société doit veiller à ce que les employés remplacés par les technologies d'IA bénéficient de possibilités de reconversion et de perfectionnement afin de rester pertinents sur un marché du travail en constante évolution.

L'impact sociétal de l'IA s'étend au domaine de la vie privée et des libertés individuelles. Les systèmes d'IA sont de plus en plus intégrés à la vie quotidienne, des appareils intelligents aux réseaux de surveillance. Ces technologies peuvent améliorer le confort et renforcer la sécurité, mais elles suscitent également d'importantes inquiétudes quant à l'érosion de la vie privée. L'importante quantité d'informations personnelles accumulées par les systèmes d'IA peut être exploitée à des fins commerciales, compromettant potentiellement les données personnelles et l'autonomie des individus. De plus, l'utilisation de l'IA à des fins de surveillance, que ce soit par des gouvernements ou des entreprises privées, soulève des questions éthiques quant à l'équilibre entre sécurité et vie privée. Le débat actuel sur la propriété des données, le consentement et les pratiques de surveillance est essentiel au rôle de l'IA dans l'élaboration des normes et valeurs sociétales.

De plus, l'intégration de l'IA dans la gouvernance et l'application de la réglementation introduit de nouvelles exigences en matière de responsabilité, de partialité et d'équité. Les systèmes d'IA utilisés dans la justice pénale, par exemple, peuvent rationaliser les opérations et accroître les performances. Cependant, ces systèmes ne sont pas à l'abri des biais, et leur utilisation dans les processus décisionnels peut perpétuer les inégalités existantes. Les algorithmes de police prédictive, par exemple, pourraient également cibler de manière disproportionnée les communautés minoritaires, renforçant ainsi les divisions sociales. Il est essentiel de veiller à ce que les technologies d'IA soient déployées de manière équitable et transparente pour mettre fin à la discrimination et favoriser la prise de conscience dans les systèmes axés sur l'IA.

Le rôle de l'IA dans la structuration des interactions sociales est un autre facteur essentiel de son impact sur la société. Les réseaux sociaux, alimentés par des algorithmes d'IA, influencent les statistiques auxquelles les individus sont exposés, façonnant ainsi l'opinion publique et le discours politique. Si les systèmes de recommandation de contenu pilotés par l'IA permettent de créer des histoires personnalisées, ils suscitent également des inquiétudes quant à la propagation de la désinformation et à l'amplification des chambres d'écho. La facilité avec laquelle l'IA peut générer et diffuser du contenu en ligne crée de nouveaux risques de manipulation, des deepfakes aux fausses nouvelles, sapant la confiance dans les sources d'information. Le projet de société est de veiller à ce que l'influence de l'IA sur le discours public soit contrôlée de manière à favoriser la diffusion d'informations fiables tout en limitant la diffusion de contenus préjudiciables.

L'impact de l'IA sur la cohésion sociale s'étend aux secteurs de la santé, de l'éducation et des services sociaux. Dans ce domaine, l'IA permet des diagnostics plus précis, des plans de traitement personnalisés et un meilleur accès aux soins hospitaliers. Les outils basés sur l'IA peuvent analyser les données scientifiques pour identifier les tendances et les résultats attendus, aidant ainsi les médecins à prendre des décisions éclairées. Si les contributions de l'IA aux soins de santé sont pour la plupart excellentes, il reste difficile de garantir un accès équitable à ces technologies, en particulier dans les communautés mal desservies ou marginalisées. L'adoption de l'IA dans le secteur de la santé pourrait exacerber les disparités existantes si elle n'est pas soigneusement contrôlée, limitant ainsi l'accès des populations vulnérables à des soins de qualité.

De même, le rôle de l'IA dans l'éducation est prometteur pour l'apprentissage personnalisé et les retombées éducatives avancées. Les systèmes basés sur l'IA peuvent évaluer le développement des élèves, identifier les axes d'amélioration et adapter les cours aux besoins de chacun. Si ces innovations ont le potentiel de transformer l'éducation, elles suscitent également des inquiétudes quant à la standardisation des rapports d'apprentissage et au renforcement des biais dans les modèles algorithmiques. Veiller à ce que l'IA dans l'éducation soit conçue pour favoriser la diversité et l'inclusion, plutôt que de renforcer les inégalités existantes, est fondamental pour garantir un impact positif sur les élèves.

Les implications culturelles du rôle de l'IA dans la société sont également profondes. À mesure que les systèmes d'IA progressent, ils remettent en question les notions traditionnelles de créativité, de paternité et d'ingéniosité humaine. Dans des domaines comme l'art, la chanson et la littérature, les œuvres générées par l'IA repoussent déjà les limites de la créativité. Cependant, une question se pose: à qui appartiennent les droits sur les œuvres générées par l'IA ? Une machine peut-elle être considérée comme un artiste, ou la créativité est-elle intrinsèquement humaine ? Le débat autour de la place de l'IA au sein des industries innovantes soulève des questions complexes sur la propriété intellectuelle, l'originalité et la nature de l'expression créative. Alors que l'IA continue de jouer un rôle croissant dans la production culturelle, la société doit s'attaquer à ces questions et redéfinir son savoir-faire en matière de créativité.

Outre son impact culturel, le rôle sociétal de l'IA est étroitement lié à des considérations morales plus larges. À mesure que les structures d'IA favorisent l'autonomie, la question de la responsabilité devient de plus en plus cruciale. Qui est responsable lorsqu'une machine d'IA prend une décision préjudiciable aux personnes ou à la société ? Les créateurs, les utilisateurs ou la machine d'IA elle-même doivent-ils être tenus responsables ? Ces questions sont cruciales pour garantir que l'intégration de l'IA dans la société se fasse de manière responsable et éthique. L'élaboration de cadres de responsabilité et de gouvernance de l'IA est essentielle pour conserver l'attention sur les systèmes d'IA et garantir que leur déploiement soit conforme aux valeurs et aux principes sociétaux.

Le rôle de l'IA dans la société devra s'adapter à mesure que les technologies progressent et que leurs applications se développent. Les défis qu'elle pose sont multiples et nécessitent une réflexion et une attention particulières à chaque étape de son développement et de son déploiement. De la garantie de l'équité des avantages de l'IA à la gestion de son impact sur la vie privée, l'emploi et la cohésion sociale, la société doit jouer un rôle actif dans la construction de son avenir. En favorisant le dialogue, en développant des principes éthiques et en privilégiant les valeurs humaines, nous pouvons appréhender les complexités du rôle de l'IA dans la société et œuvrer pour un avenir où ses avantages seront largement partagés et ses risques efficacement gérés.

5.4. Exploiter le potentiel de double usage de l'IA

L'intelligence artificielle se situe à la croisée de possibilités remarquables et de risques complexes. Son double usage – une même technologie pouvant être exploitée à des fins bénéfiques comme néfastes – représente un défi de taille pour les développeurs, les décideurs politiques et la société dans son ensemble. D'un côté, l'IA offre des solutions transformatrices dans les domaines de la santé, de la surveillance environnementale, de l'éducation et des affaires. De l'autre, elle peut être instrumentalisée, détournée à des fins de surveillance et de contrôle, ou causer des dommages par inadvertance par des effets accidentels. Exploiter le potentiel de double usage de l'IA exige une compréhension fine de ses capacités, une gouvernance vigilante, une vision éthique et des cadres collaboratifs internationaux pour maximiser les bénéfices tout en atténuant les risques.

L'idée d'une ère du double usage n'est pas nouvelle; l'énergie nucléaire, les biotechnologies et la cryptographie incarnent depuis longtemps ce paradoxe. Cependant, l'évolution rapide de l'IA et sa large applicabilité amplifient les enjeux. Par exemple, les algorithmes d'apprentissage automatique qui permettent des avancées en matière de diagnostic clinique peuvent également être réutilisés pour développer des armes autonomes ou des cyberattaques de pointe. Les technologies de deepfake, qui démocratisent la création de contenu et l'art, peuvent simultanément faciliter la désinformation, la fraude et la manipulation politique. Les structures autonomes conçues pour la logistique et le transport peuvent être adaptées aux drones militaires ou aux dispositifs de surveillance. Cette dualité complique les efforts visant à encadrer le développement et le déploiement de l'IA sans freiner l'innovation.

L'une des principales missions consiste à distinguer clairement les programmes d'IA inoffensifs des programmes malveillants. Contrairement aux armes conventionnelles, l'IA est basée sur des logiciels et repose généralement sur des architectures open source accessibles dans le monde entier. Ses composants – algorithmes, ensembles de données, puissance de calcul – peuvent être combinés et modifiés rapidement. Cette flexibilité rend les contrôles à l'exportation et les mesures réglementaires complexes à concevoir et à mettre en œuvre. De plus, le rythme de la recherche et du déploiement de l'IA dépasse celui de l'élaboration des politiques, créant des lacunes réglementaires que des acteurs malveillants peuvent également exploiter. Par conséquent, les stratégies de gouvernance doivent concilier les préoccupations de sécurité avec l'ouverture et l'innovation, en évitant les réglementations trop restrictives qui entravent les utilisations bénéfiques.

Les cadres éthiques soulignent l'obligation des chercheurs et des organisations en IA d'assumer les risques liés au double usage lors des phases de conception et de développement. Des principes tels que « l'innovation responsable » et les « méthodes de précaution » préconisent l'intégration de mécanismes de sécurité, de transparence et de surveillance humaine afin de prévenir les abus. Par exemple, les développeurs peuvent mettre en place des contrôles d'accès, des systèmes de surveillance et des restrictions d'utilisation pour les modèles d'IA sensibles. La confidentialité différentielle et les systèmes d'apprentissage fédérés protègent la confidentialité des données, réduisant ainsi le risque d'exploitation. Les forums d'analyse éthique et les systèmes de gouvernance interne peuvent examiner les projets afin d'en déterminer les conséquences potentielles en matière de double usage, favorisant ainsi un développement éthique de l'IA.

Au niveau politique, la coopération mondiale est essentielle. L'IA, par nature sans frontières, nécessite des cadres collaboratifs tels que les traités de non-prolifération nucléaire ou les traités sur les armes biologiques. Les institutions multilatérales, dont les Nations Unies, l'OCDE et les organismes de gouvernance spécialisés en IA, jouent un rôle essentiel pour favoriser le dialogue, établir des normes et coordonner la surveillance. Des exigences communes en matière de transparence, de sécurité et d'éthique peuvent harmoniser les efforts entre les pays, minimisant ainsi les risques de course aux armements ou d'utilisation abusive de l'IA. Cependant, les rivalités géopolitiques et les intérêts nationaux divergents compliquent la recherche de consensus, soulignant la nécessité de mesures constructives et d'une participation inclusive.

Les situations exigeant une IA à double usage exigent également de solides capacités de détection et de réaction. Les infrastructures de cybersécurité doivent évoluer pour identifier et atténuer les menaces générées par l'IA, telles que le piratage informatique, l'empoisonnement de données ou les campagnes de désinformation. Les gouvernements et le secteur privé doivent investir dans le partage de renseignements sur les menaces, les équipes d'intervention rapide et les outils de défense basés sur l'IA. Parallèlement, les campagnes de transparence et de sensibilisation du public peuvent permettre aux utilisateurs d'identifier et de résister aux contenus malveillants générés par l'IA ou aux manipulations.

Un autre indicateur est l'impact sociopolitique de l'IA à double usage. Les technologies de surveillance basées sur la reconnaissance faciale et l'analyse des comportements, déployées sous des régimes autoritaires, peuvent également réprimer la dissidence et violer les droits humains. D'un autre côté, ces équipements peuvent améliorer la sécurité publique et l'efficacité des forces de l'ordre dans les sociétés démocratiques s'ils sont bien réglementés. Trouver un équilibre entre les avantages en matière de protection et les libertés civiles nécessite de solides garanties pénales, une surveillance et des mécanismes de recours.

La recherche sur la sécurité et l'harmonisation de l'IA répond aux préoccupations à long terme en matière de double usage. Il est primordial de garantir que des systèmes d'IA de plus en plus indépendants agissent conformément aux valeurs et aux intentions humaines afin d'éviter des utilisations abusives ou des blessures catastrophiques. Cela implique le développement de méthodes d'interprétabilité, d'architectures à sécurité intégrée et de techniques d'alignement des coûts. Les investissements dans les études de sécurité de l'IA, soutenus par les secteurs public et privé, contribuent à anticiper et à atténuer les risques existentiels associés à des compétences avancées en IA.

Le secteur privé joue un rôle essentiel pour relever les défis du double usage. Les agences technologiques, les startups et les instituts de recherche exercent une influence considérable sur les trajectoires de l'IA. Les lois sectorielles, les principes éthiques et les initiatives collaboratives comme le Partenariat sur l'IA témoignent des efforts déployés pour gérer les risques du double usage de manière responsable. Cependant, les pressions industrielles et les dynamiques concurrentielles peinent parfois à être détectées, ce qui nécessite un reporting clair, l'engagement des parties prenantes et des mécanismes de responsabilisation externes.

Exploiter le potentiel de double usage de l'IA exige une approche intégrée alliant prospective morale, garanties techniques, innovation politique, coopération mondiale et engagement public. L'objectif n'est pas de freiner le développement de l'IA, mais de l'orienter vers des finalités bénéfiques tout en gérant proactivement les risques. La réussite repose sur la reconnaissance du caractère indissociable des opportunités et des dangers de l'IA et sur l'engagement d'une gestion partagée qui préserve l'avenir collectif de l'humanité. Par la vigilance, la collaboration et une action fondée sur des principes, la société peut exploiter le potentiel de l'IA tout en se prémunissant contre toute utilisation abusive.

5.5. L'IA et l'avenir des valeurs humaines

Alors que les systèmes d'intelligence artificielle s'intègrent de plus en plus à la vie quotidienne, la question de savoir comment l'IA façonnera – et sera façonnée par – les valeurs humaines est à la fois pressante et profonde. Les valeurs humaines englobent un large éventail de principes éthiques, de normes culturelles, de sensibilités émotionnelles et de priorités sociales qui façonnent les sociétés et les individus. L'interaction entre l'IA et ces valeurs n'est pas unidirectionnelle; il s'agit plutôt d'une relation dynamique et évolutive dans laquelle les technologies d'IA influencent les comportements et les décisions humains, tandis que les valeurs humaines guident la conception, le déploiement et la réglementation de l'IA. Comprendre cette interaction complexe est crucial pour garantir que le développement de l'IA soit en phase avec les aspirations collectives de l'humanité et favorise un avenir où la technologie complète nos valeurs fondamentales au lieu de les éroder.

Au cœur de ce discours se trouve la reconnaissance que les systèmes d'IA ne possèdent pas de valeurs ni d'objectifs intrinsèques; leur comportement reflète les objectifs, les faits et les choix de conception inculqués par les créateurs humains. Pourtant, à mesure que l'IA participe de plus en plus à la prise de décision – des directives de santé aux examens judiciaires, de la curation de contenu sur les réseaux sociaux aux véhicules autonomes – son influence sur les normes sociales, l'autonomie individuelle et les pratiques culturelles s'intensifie. Cela soulève des questions cruciales: quelles valeurs humaines l'IA doit-elle privilégier ? Comment des valeurs diverses et parfois contradictoires peuvent-elles être codées dans les algorithmes ? Et comment l'adoption massive de l'IA transformera-t-elle les conceptions collectives de la justice, de la vie privée, de l'empathie et de l'identité ?

L'un des principaux enjeux est l'alignement des coûts: il s'agit de garantir que les systèmes d'IA fonctionnent en permanence avec les valeurs humaines. Un décalage risque d'avoir des conséquences néfastes, injustes ou contraires aux attentes sociétales. Par exemple, une IA optimisée uniquement pour la performance dans l'allocation des aides à la santé risque de négliger l'équité et la compassion, désavantageant ainsi de manière disproportionnée les populations concernées. Les chercheurs développent des cadres et des méthodologies pour coder explicitement les valeurs dans les systèmes d'IA, grâce à des techniques telles que la programmation par contraintes éthiques, la maîtrise des besoins et des stratégies de conception participatives incluant la contribution des parties prenantes. Cependant, le pluralisme des coûts – où des cultures ou des individus spécifiques partagent des valeurs divergentes – rend l'alignement générique complexe, nécessitant des modèles d'IA adaptables et sensibles au contexte.

La vie privée représente un coût humain essentiel, de plus en plus remis en question par l'utilisation de l'IA. Les capacités de surveillance générées par le traitement des données par l'IA peuvent éroder l'autonomie et l'anonymat des individus, compromettant potentiellement la confiance dans les institutions et les relations interpersonnelles. L'avenir de la vie privée dans un monde dominé par l'IA dépend de la manière dont les sociétés négocient les compromis entre protection, commodité et confidentialité. Des concepts tels que la « vie privée dès la conception » et des cadres solides de gouvernance de l'information cherchent à intégrer le respect de la vie privée dans les systèmes d'IA dès leur conception, reflétant ainsi un engagement à préserver la dignité humaine dans le contexte du développement technologique.

La justice et l'équité sont des valeurs humaines fondamentales profondément touchées par l'IA. Le déploiement de l'IA dans les domaines de l'application de la loi, de l'évaluation du crédit, du recrutement et des services sociaux met en évidence le risque de perpétuation de biais systémiques par le biais de la prise de décision algorithmique. Garantir que l'IA respecte l'équité implique non seulement des solutions techniques – comme la réduction des biais et la transparence – mais aussi des efforts sociétaux plus larges pour lutter contre les inégalités structurelles. De plus, l'interprétabilité de l'IA influence la perception de la justice: les êtres humains ont besoin d'explications pour les décisions qui affectent leur vie, liant équité, responsabilité et acceptation.

L'avenir de l'empathie et des liens émotionnels est également confronté à une transformation grâce à l'IA. Les robots sociaux, les assistants numériques et les systèmes informatiques affectifs sont conçus pour reconnaître, simuler ou répondre aux émotions humaines. Si ces technologies peuvent offrir compagnie et assistance, elles soulèvent des questions sur l'authenticité et la nature des relations humaines. Le recours à des compagnons IA modifiera-t-il les comportements sociaux ou réduira-t-il l'empathie interhumaine ? Trouver un équilibre entre la facilitation technologique du bien-être émotionnel et le maintien d'interactions humaines réelles constitue un enjeu éthique majeur.

L'impact de l'IA sur l'identité et l'autonomie introduit une complexité similaire. Les algorithmes personnalisés façonnent les informations consommées par les individus, renforçant potentiellement les chambres d'écho et affectant la perception de soi. La capacité de l'IA à générer des situations médiatiques artificielles exigeant des notions de réalité et de croyance, avec des implications pour les récits culturels et la mémoire collective. De plus, le rôle de l'IA dans l'augmentation des capacités humaines – par le biais d'interfaces cerveau-ordinateur ou d'amélioration cognitive – suscite des questions philosophiques sur les limites de l'identité humaine et de l'entreprise.

La gouvernance et le droit jouent un rôle essentiel dans l'intégration des valeurs humaines dans le destin de l'IA. Les principes éthiques, les cadres juridiques et les normes doivent refléter le consensus sociétal tout en laissant une certaine flexibilité à l'innovation et à la diversité culturelle. Les méthodes participatives impliquant la société civile, les entreprises marginalisées et les professionnels interdisciplinaires contribuent à garantir que l'IA respecte les valeurs pluralistes et atténue les risques d'exclusion ou de préjudice.

L'éducation et la participation du public sont également essentielles pour cultiver une expertise partagée et des choix éclairés concernant le rôle de l'IA dans la société. Donner aux individus les moyens de maîtriser l'IA permet une réflexion approfondie sur les avantages et les défis de notre époque, favorisant ainsi un contrôle démocratique sur les trajectoires de l'IA.

Le destin des valeurs humaines à l'ère de l'IA n'est ni prédéterminé ni figé. Il sera façonné par un dialogue, des négociations et un modèle permanents entre les technologues, les décideurs politiques et la société dans son ensemble. En intégrant délibérément l'image éthique et la sensibilité culturelle au développement de l'IA, l'humanité peut guider ces puissants outils vers une plus grande dignité, une meilleure justice, une meilleure empathie et une plus grande liberté. Ce faisant, l'IA devient non seulement une innovation technologique, mais aussi un partenaire de l'aventure collective de l'épanouissement humain.

CHAPITRE 6

L'IA et les droits de l'homme

6.1. L'impact de l'IA sur les droits de l'homme

L'essor de l'intelligence artificielle (IA) a donné naissance à une nouvelle génération d'avancées technologiques qui promettent de révolutionner de nombreux aspects de la société. Cependant, à mesure que ces technologies continuent de s'adapter, les questions relatives à leur impact sur les droits humains deviennent de plus en plus pressantes. La capacité de l'IA à transformer les industries, la gouvernance, voire la vie quotidienne, complexifie les situations éthiques, pénales et sociales.

L'une des principales préoccupations concernant l'impact de l'IA sur les droits humains concerne son impact sur la vie privée. Les technologies basées sur l'IA, notamment les systèmes de surveillance, l'exploration de données et la reconnaissance faciale, peuvent compromettre le droit à la vie privée. La capacité de l'IA à analyser de grandes quantités de données personnelles – souvent sans consentement explicite – a suscité des débats sur l'érosion de la vie privée à l'ère du numérique. Les gouvernements et les entreprises ont de plus en plus recours à des outils d'IA à des fins de surveillance, portant potentiellement atteinte au droit d'une personne à préserver la confidentialité de ses données personnelles.

L'adoption massive de dispositifs de surveillance par l'IA, notamment la popularité des reconnaissances faciales dans les

espaces publics, a suscité des inquiétudes quant au «
panoptisme numérique ». Ce concept renvoie à l'idée que l'IA
permet une surveillance constante des individus, transformant
des populations entières en sujets de surveillance. Si leurs
partisans affirment que ces technologies sont essentielles à la
protection publique et à la prévention de la criminalité, leurs
détracteurs affirment qu'elles permettent aux gouvernements et
groupes autoritaires d'exercer un contrôle inédit sur les
citoyens.

La mission consiste donc à trouver un équilibre entre le
besoin de sécurité et de confort et la protection des droits
humains fondamentaux. Face à l'essor de l'IA, il est important
de mettre en place des politiques garantissant que la vie privée
ne soit pas indûment sacrifiée au nom de la performance ou de
la sécurité.

L'impact de l'IA sur la liberté d'expression est un autre
domaine où les droits humains sont menacés. Les plateformes
de médias sociaux, les plateformes d'information et même les
moteurs de recherche utilisent de plus en plus l'IA pour
sélectionner du contenu, promouvoir des articles et animer des
discussions informelles. Si ces outils peuvent améliorer
l'expérience utilisateur, ils peuvent également limiter le nombre
d' informations et de concepts accessibles au public.

Les structures de modération de contenu pilotées par l'IA,
par exemple, peuvent censurer par inadvertance des discours
politiques légitimes ou étouffer la dissidence. Les algorithmes

utilisés par ces structures sont souvent opaques et peuvent être influencés par des biais inhérents à leur conception. Lorsque les structures d'IA signalent ou suppriment du contenu sur la base de critères vagues ou sans contrôle humain, les utilisateurs peuvent se voir privés de leur droit d'exprimer librement leurs opinions, en particulier si ces critiques s'écartent des normes politiques, culturelles ou sociales dominantes.

De plus, la capacité de l'IA à manipuler les médias par le biais de deepfakes et de contenus synthétiques représente une menace supplémentaire pour l'intégrité du discours public. Les campagnes de désinformation alimentées par des contenus générés par l'IA peuvent perturber les élections, inciter à la violence ou créer la confusion. Dans de tels cas, les droits humains liés à la liberté d'expression et à l'accès à des informations exactes peuvent être gravement compromis.

Pour atténuer ces risques, il est nécessaire d'examiner attentivement la manière dont l'IA est utilisée pour contrôler et façonner les données. Garantir la protection de la liberté d'expression dans un monde dominé par l'IA exige transparence, responsabilité et engagement à mettre fin à l'utilisation abusive de l'IA à des fins de censure.

Un autre domaine essentiel où l'IA interagit avec les droits humains est celui de l'égalité et de la discrimination. Les systèmes d'IA sont conçus pour apprendre à partir de grands ensembles de données. Cependant, si ces ensembles de données sont biaisés ou non représentatifs, les algorithmes qui en résultent peuvent perpétuer, voire exacerber, les inégalités existantes. Par exemple, il a été démontré que la technologie de reconnaissance faciale présente des taux d'erreur plus élevés chez les femmes et les personnes de couleur, ce qui suscite des inquiétudes quant à une utilisation disproportionnée de l'IA pour cibler certains organismes.

Dans le contexte du recrutement et de l'emploi, les outils de recrutement basés sur l'IA sont de plus en plus utilisés pour filtrer les candidatures. Cependant, si ces outils sont basés sur des données biaisées reflétant des inégalités historiques au sein du groupe de travailleurs, ils privilégieront les entreprises à profil démographique positif. Cela pourrait entraîner une discrimination systémique envers les femmes, les minorités raciales ou d'autres groupes marginalisés. De même, les algorithmes de police prédictive, qui s'appuient sur l'IA pour prévoir les foyers de criminalité, peuvent accentuer les biais au sein du système de justice pénale, affectant de manière disproportionnée les personnes de couleur et les communautés à revenus modestes.

Le rôle de l'IA dans la perpétuation des inégalités soulève des questions essentielles sur le devoir moral des développeurs, des organisations et des gouvernements de veiller à ce que les structures d'IA soient conçues et déployées de manière à promouvoir l'équité et l'inclusion. À mesure que l'IA s'intègre de plus en plus aux processus décisionnels, il est essentiel de s'attaquer aux biais présents dans les données utilisées pour alimenter ces structures et dans les algorithmes qui les sous-tendent.

L'IA soulève également de vastes questions sur l'autonomie des individus et la liberté individuelle. À mesure que les systèmes d'IA deviennent de plus en plus capables de prendre des décisions au nom des individus – des transactions économiques aux choix en matière de santé –, ils pourraient exercer une influence excessive sur les décisions individuelles. Par exemple, les algorithmes de recommandation basés sur l'IA sur les plateformes de streaming, les sites de commerce électronique et les réseaux sociaux peuvent créer des « bulles de filtrage » qui limitent l'exposition à des points de vue divers, limitant ainsi la liberté individuelle et contribuant ainsi à façonner les idéaux et les choix des individus.

De plus, le recours croissant à l'IA pour prendre des décisions cruciales dans les domaines de la santé, de la justice pénale et de l'aide sociale pourrait compromettre l'autonomie des individus. Si des systèmes d'IA sont utilisés pour déterminer l'admissibilité à des traitements médicaux ou à des prestations sociales, les personnes risquent de se voir privées de leurs droits en raison de choix algorithmiques qu'elles ne connaissent pas ou ne maîtrisent pas pleinement.

Dans certains cas, l'IA pourrait également être utilisée pour manipuler les choix des individus grâce à des designs persuasifs, des publicités personnalisées et d'autres interventions comportementales. Cet effet de « poussée » peut entraver la capacité d'une personne à prendre des décisions libres et éclairées, car les structures d'IA exploitent de grandes quantités de données personnelles pour influencer subtilement ses choix et ses actions.

Pour protéger les droits humains, il est essentiel de garantir que les structures d'IA soient transparentes, responsables et conçues dans le respect de l'autonomie des individus. Des cadres éthiques doivent être élaborés pour garantir que l'IA soit utilisée pour autonomiser les individus plutôt que pour restreindre leur liberté de choix.

Face à l'impact croissant de l'IA sur les droits humains, une initiative concertée a été lancée pour établir des cadres moraux et juridiques susceptibles de guider le développement et le déploiement de cette technologie. Des organisations, dont l'Union européenne et les Nations unies, ont publié des lignes directrices et des recommandations sur l'utilisation éthique de l'IA, en mettant l'accent sur la protection des droits fondamentaux, notamment la vie privée, l'égalité et la liberté d'expression.

Cependant, ces cadres continuent d'évoluer, et le débat sur les approches les plus efficaces pour adapter l'IA tout en favorisant l'innovation est en cours. Face à la rapidité des avancées technologiques, les décideurs politiques peinent à suivre les implications éthiques de l'IA, notamment dans des domaines comme la reconnaissance faciale, la police prédictive et les systèmes d'armes autonomes. Une collaboration internationale est donc nécessaire pour garantir que l'IA évolue dans le respect des droits humains et promeuve l'excellence.

De plus, les préoccupations éthiques doivent être intégrées dès le départ à la conception et à l'amélioration des systèmes d'IA, plutôt que d'être une réflexion a posteriori. Les chercheurs, ingénieurs et décideurs en IA doivent collaborer pour créer des technologies qui privilégient les droits humains et qui s'attaquent aux préjudices liés à l'IA.

L'impact de l'IA sur les droits humains est une question complexe et multiforme qui nécessite une analyse approfondie sous plusieurs angles. Alors que l'IA continue de façonner notre monde, il est crucial de veiller à ce que son développement et son déploiement respectent les droits humains fondamentaux, notamment la vie privée, la liberté d'expression, l'égalité et l'autonomie. En favorisant la transparence, la responsabilité et des pratiques de conception éthiques, nous créerons un avenir axé sur l'IA qui respecte les valeurs de dignité et de liberté humaines. La tâche consiste à trouver le juste équilibre entre innovation et protection des droits, en veillant à ce que l'IA serve le bien commun sans porter atteinte aux valeurs fondamentales de la vie humaine.

6.2. L'IA, l'ordre social et les droits de l'homme

L'intersection entre l'intelligence artificielle (IA) et les droits humains dans le contexte de l'ordre social suscite une attention croissante, les structures d'IA étant de plus en plus ancrées dans la structure même de l'infrastructure sociétale. De l'application de la loi aux soins de santé, en passant par l'emploi et au-delà, l'IA joue un rôle déterminant dans la façon dont les individus et les communautés interagissent dans les cadres de la gouvernance, de l'égalité et de la justice. Cependant, si l'IA promet des gains d'efficacité et des avancées, elle suscite également de vives inquiétudes quant à ses implications sur les droits humains et la structure même de l'ordre social.

À mesure que l'IA se développe, son intégration dans la société présente des défis et des opportunités. Ces technologies ont le potentiel d'améliorer l'ordre social en améliorant la sécurité, en simplifiant la gouvernance et en offrant de nouveaux outils pour relever les défis mondiaux. Cependant, l'IA peut également porter atteinte aux droits humains fondamentaux, créer de nouvelles formes d'inégalités et exacerber les fractures sociales si elle n'est pas soigneusement réglementée et gérée de manière éthique.

L'une des principales préoccupations actuelles concernant l'IA et l'ordre social concerne son rôle dans la surveillance. Les technologies d'IA sont de plus en plus utilisées pour surveiller les populations à des fins de sécurité nationale, de maintien de l'ordre et de prévention de la criminalité. Les outils de surveillance, tels que les logiciels de reconnaissance faciale, les systèmes de police prédictive et les systèmes de suivi basés sur des données, ont été adoptés par les gouvernements et les entreprises du monde entier. Si leurs partisans affirment que ces systèmes sont utiles pour renforcer la sécurité et l'ordre publics, leurs détracteurs affirment qu'ils représentent de graves menaces pour les droits humains, notamment la vie privée et la liberté d'expression.

Les équipements de surveillance alimentés par l'IA peuvent générer une collecte massive de données personnelles, souvent sans le consentement des personnes surveillées. Cela peut entraîner des atteintes à la vie privée, une entrave à la liberté d'expression, voire la criminalisation de comportements qui ne sont pas véritablement illégaux. Par exemple, les systèmes de reconnaissance faciale pilotés par l'IA ont été largement critiqués pour leur capacité à surveiller des personnes en temps réel, sans leur consentement ni leur information, ce qui suscite régulièrement des inquiétudes quant à un contrôle autoritaire et à la manipulation sociale.

De plus, les structures d'IA utilisées pour la police prédictive – notamment les algorithmes conçus pour identifier les foyers de criminalité ou prédire les comportements criminels – s'appuient généralement entièrement sur des statistiques historiques reflétant des biais préexistants. Ces biais peuvent entraîner une concentration disproportionnée sur les groupes marginalisés, perpétuant ainsi les inégalités raciales et socio-économiques au sein de l'appareil judiciaire. Le rôle de l'IA dans la surveillance est donc à double tranchant: si elle peut améliorer la capacité des forces de l'ordre à maintenir l'ordre, elle peut également porter atteinte aux libertés individuelles et aux droits humains, notamment en matière de protection de la vie privée et de lutte contre la discrimination.

Au-delà de la surveillance, l'IA est de plus en plus utilisée dans le domaine de la gouvernance et des libertés civiles. Les gouvernements adoptent l'IA pour rationaliser les stratégies administratives, automatiser la prise de décision et améliorer les services publics. Des structures basées sur l'IA sont utilisées dans des domaines tels que l'immigration, la distribution des aides sociales, l'éducation et la sécurité sociale, afin d'optimiser l'efficacité et la desserte. Cependant, la capacité des structures d'IA à porter atteinte aux libertés civiles lorsqu'elles sont utilisées dans les processus décisionnels gouvernementaux suscite de plus en plus de préoccupations.

L'utilisation de l'IA dans la gouvernance peut entraîner une érosion de la transparence et de la responsabilité dans la prise de décisions. Les systèmes d'IA, notamment ceux utilisant l'apprentissage automatique et l'analyse de données volumineuses, peuvent prendre des décisions difficiles à appréhender ou à mettre en œuvre pour des êtres humains. Par exemple, les systèmes basés sur l'IA utilisés pour déterminer l'éligibilité aux prestations sociales ou aux services sociaux peuvent également prendre des décisions opaques pour les personnes concernées. Ce manque de transparence peut donner aux individus le sentiment d'être impuissants face aux décisions prises par des algorithmes qui ont un impact sur leur vie.

De plus, lorsque l'IA est utilisée dans la gouvernance, elle peut ne pas prendre en compte la diversité des besoins des personnes issues de milieux différents, ce qui entraîne des biais et des inégalités systémiques. Si les systèmes d'IA fonctionnent sur des ensembles de données biaisés, ils peuvent perpétuer la discrimination dans des domaines tels que le logement, l'emploi et les services sociaux. Ce phénomène est particulièrement préoccupant dans des sociétés déjà confrontées à d'importantes disparités en matière d'accès aux ressources et aux opportunités. La capacité de l'IA à perpétuer les biais et les inégalités soulève des questions cruciales quant à son rôle dans l'élaboration d'une gouvernance juste et équitable.

L'évolution et le déploiement rapides de l'IA créent également des situations complexes liées aux inégalités économiques. Les systèmes d'IA sont de plus en plus utilisés pour optimiser la production, réduire les coûts et accroître les profits dans de nombreux secteurs. Si ces technologies peuvent accroître la productivité et créer de nouvelles opportunités financières, elles risquent également d'exacerber les fractures économiques actuelles. L'automatisation basée sur l'IA pourrait remplacer un grand nombre d'emplois, notamment dans des secteurs comme la fabrication, la vente au détail et le service client, entraînant des déplacements de processus et une perte de confiance économique pour les personnes vulnérables.

Dans ce contexte, l'IA pourrait avoir de profondes répercussions sur les droits humains, notamment le droit au travail et le droit à un mode de vie décent. Le déplacement de travailleurs dû à l'automatisation induite par l'IA pourrait entraîner du chômage, une stagnation des salaires et une aggravation de la pauvreté pour certains segments de la population. Cela concerne particulièrement les travailleurs occupant des emplois manuels peu qualifiés, qui pourraient également avoir des difficultés à évoluer vers de nouveaux rôles sans la formation requise. À son tour, la richesse croissante générée par les industries axées sur l'IA pourrait être concentrée entre les mains de certaines entreprises et de certains particuliers, creusant encore davantage les inégalités économiques.

Par ailleurs, le potentiel de l'IA à affecter de manière disproportionnée les groupes à faibles revenus souligne la nécessité pour les décideurs politiques d'adopter une approche proactive pour lutter contre les conséquences sociales et économiques de ces technologies. Cela implique d'élaborer des réglementations qui favorisent les droits des personnes, garantissent une répartition équitable des richesses et orientent les programmes de formation et d'éducation pour aider les individus à s'adapter à l'évolution du marché du travail. Sans ces garanties, l'intégration de l'IA dans le système financier risque d'exacerber les fractures sociales actuelles et de compromettre les efforts visant à promouvoir la justice financière et sociale.

Le rôle de l'IA dans la mobilité sociale et l'accès aux ressources est un autre domaine crucial où les droits humains et l'ordre social se rejoignent. L'IA a le pouvoir d'améliorer la mobilité sociale en améliorant l'accès à l'éducation, aux soins de santé et à d'autres services, notamment dans les zones reculées ou mal desservies. Par exemple, les systèmes éducatifs basés sur l'IA peuvent offrir des expériences d'apprentissage personnalisées aux étudiants, et les systèmes de santé basés sur l'IA peuvent améliorer les programmes de recherche et de traitement. Ces innovations peuvent démocratiser l'accès aux services essentiels et contribuer à l'équité sociale.

Cependant, la fracture numérique demeure un obstacle majeur aux bienfaits considérables de l'IA. Les personnes issues de milieux défavorisés ou vivant en milieu rural risquent de ne pas avoir accès aux technologies et aux infrastructures nécessaires pour bénéficier des services basés sur l'IA. À mesure que l'IA s'intégrera de plus en plus dans divers secteurs, les personnes privées d'accès à Internet, aux appareils numériques ou aux infrastructures intégrant l'IA risquent d'être laissées pour compte, ce qui accentuera les inégalités actuelles en matière d'éducation, de santé et d'emploi.

Pour que l'IA favorise l'ordre social et les droits humains, il est essentiel de s'attaquer à la fracture numérique et de garantir un accès équitable aux services basés sur l'IA. Cela implique de garantir que les groupes marginalisés aient accès aux outils et aux ressources nécessaires pour participer à l'économie et à la société virtuelles. Ce faisant, l'IA peut devenir un outil efficace pour faire progresser les droits humains et promouvoir la justice sociale, au lieu de renforcer les structures de pouvoir et les inégalités actuelles.

L'impact de l'IA sur l'ordre social et les droits humains est multiforme et appelle une attention particulière à l'évolution constante de ces technologies. Si l'IA a le potentiel d'améliorer la gouvernance, de renforcer la sécurité et de promouvoir la mobilité sociale, elle soulève également de vastes préoccupations en matière de respect de la vie privée, de discrimination, d'inégalités financières et d'accès aux ressources. Alors que l'IA continue de façonner l'avenir de la société, il est essentiel de développer des cadres éthiques et juridiques garantissant que ces technologies soient déployées de manière à défendre et promouvoir les droits humains pour tous. En relevant ces défis de manière proactive, nous créerons un avenir où l'IA contribuera à une société juste, équitable et respectueuse des droits.

6.3. *Droits et préoccupations éthiques*

Alors que l'intelligence artificielle (IA) continue d'imprégner tous les aspects de l'existence humaine, les questions de droits et d'éthique entourant son utilisation deviennent de plus en plus complexes et urgentes. L'intégration de l'IA dans des domaines tels que la santé, la justice, l'éducation, l'emploi ou même la guerre présente à la fois de grandes opportunités et des risques considérables. Ces caractéristiques remettent en question les cadres moraux et les exigences en matière de droits humains existants, posant des questions cruciales quant à l'équilibre entre le développement technologique et la protection des libertés et de la dignité humaines.

L'IA a le potentiel de renforcer les droits humains en améliorant l'accès aux services essentiels, en réduisant la pauvreté et en promouvant l'équité dans de nombreux domaines. Cependant, elle risque également de porter atteinte aux droits qu'elle prétend défendre, soulevant ainsi d'importants problèmes éthiques. L'inquiétude suscitée par la capacité de l'IA à avoir un impact social considérable et sa capacité à porter atteinte aux droits humains est au cœur des débats actuels sur la manière dont la société devrait adapter et régir les technologies de l'IA.

L'une des préoccupations morales les plus immédiates et les plus fréquemment évoquées concernant l'IA est la question de la confidentialité. Les systèmes d'IA, notamment ceux utilisés pour la surveillance, l'exploration de données et les médias sociaux, sont capables de collecter et d'analyser des quantités considérables de données personnelles. Ces données peuvent aller de statistiques apparemment anodines, comme les habitudes d'achat en ligne ou l'historique de navigation, à des informations plus sensibles, comme les données médicales, les communications privées ou même les données d'identification faciale.

La collecte massive de données privées par les systèmes d'IA accroît considérablement les problèmes de confidentialité. Si ces structures permettent de personnaliser les services et d'améliorer l'efficacité, elles ouvrent également la voie à la surveillance et à la manipulation de masse. Par exemple, la reconnaissance faciale basée sur l'IA peut enregistrer des individus dans l'espace public sans leur consentement, violant potentiellement leur droit à la vie privée. De plus, l'utilisation de l'IA dans la police prédictive ou la sécurité nationale pourrait conduire au profilage et au ciblage de personnes sur la base de données personnelles, portant potentiellement atteinte à leurs libertés civiles.

Ces enjeux soulignent la nécessité de directives morales et de cadres juridiques solides pour protéger la vie privée dans un monde dominé par l'IA. Si l'IA a la capacité d'améliorer la vie de nombreuses manières, sa capacité à collecter et analyser des données personnelles exige que les droits humains soient placés au cœur des discussions concernant le développement et le déploiement des technologies d'IA.

Un autre problème moral majeur associé à l'IA est le risque de biais algorithmique et de discrimination. Les systèmes d'IA sont conçus pour analyser à partir de statistiques, mais les données les plus fiables utilisées pour entraîner ces structures sont essentielles pour déterminer leur efficacité. Si les algorithmes d'IA sont entraînés sur des ensembles de données biaisés ou incomplets, ils peuvent perpétuer, voire exacerber, les inégalités existantes.

Par exemple, les systèmes d'IA utilisés dans les pratiques de recrutement, l'application de la loi ou les processus d'approbation de prêts hypothécaires peuvent renforcer les préjugés existants fondés sur l'origine ethnique, le sexe, la situation socio-économique ou l'incapacité. Des études ont montré que les plateformes de recrutement pilotées par l'IA pourraient également privilégier les candidats masculins aux femmes, ou les candidats blancs aux candidats issus de minorités, si les dossiers sous-jacents présentent de tels préjugés. De même, les algorithmes de police prédictive peuvent cibler de manière disproportionnée certaines catégories raciales ou ethniques, entraînant des traitements injustes et creusant les fractures sociales.

Le problème moral ici réside dans le fait que les systèmes d'IA, s'ils ne sont pas surveillés et évalués avec soin en matière d'équité, peuvent, par inadvertance, violer les principes d'égalité et de non-discrimination. À mesure que l'IA s'intègre de plus en plus aux processus décisionnels clés, il est crucial de garantir que les données utilisées pour former ces systèmes soient diversifiées, inclusives et représentatives de tous les groupes. De plus, des audits et des mécanismes de responsabilisation réguliers sont essentiels pour identifier et corriger les biais susceptibles de faire évoluer les systèmes d'IA.

Les structures d'IA, principalement celles pilotées par des algorithmes d'apprentissage système et d'apprentissage approfondi, sont capables de prendre des décisions de manière autonome, souvent sans intervention ni supervision humaine. Si cela peut générer des gains d'efficacité et de rapidité, cela soulève également d'importantes préoccupations éthiques en matière de responsabilité et de contrôle.

Lorsqu'un système d'IA effectue une sélection préjudiciable à une personne ou à un groupe, il peut être difficile d'en déterminer la responsabilité. Est-ce le développeur qui a créé l'algorithme ? L'entreprise qui a déployé la machine ? Ou l'IA elle-même, qui agit principalement en fonction de modèles tirés des faits ? La question de la responsabilité devient encore plus urgente dans les scénarios à enjeux élevés, comme les véhicules autonomes, les structures d'IA cliniques ou les drones militaires, où les conséquences d'une défaillance peuvent être graves.

Cette problématique de contrôle et d'obligation est étroitement liée aux droits humains, car chacun doit pouvoir accepter que les systèmes qui régissent sa vie soient transparents, responsables et conçus pour protéger son bien-être. Les cadres éthiques entourant l'IA doivent répondre à ces préoccupations en établissant des principes clairs de responsabilité et de surveillance. De plus, des mécanismes doivent garantir que les systèmes d'IA restent sous contrôle humain, en particulier lorsqu'ils sont utilisés dans des environnements à haut risque ou des zones affectant les droits fondamentaux.

Le rôle croissant de l'IA dans le système financier soulève des questions cruciales sur l'avenir du travail, les droits financiers et la capacité à d'importantes mutations d'activités. L'IA a le potentiel d'automatiser une grande variété de tâches, du travail manuel aux fonctions cognitives, en passant par le service client, l'analyse juridique et même le travail créatif. Si cela peut accroître la productivité et l'efficacité, cela représente également un risque pour les employés de nombreux secteurs.

Le problème moral ici est que l'IA pourrait engendrer un chômage massif et des inégalités économiques, en particulier pour les personnes occupant des emplois peu qualifiés ou dans des secteurs exposés à l'automatisation. Si l'IA parvient à moderniser les travailleurs humains, nombre d'entre eux pourraient se retrouver sans emploi, dépourvus des compétences nécessaires aux nouveaux emplois créés par l'IA. Cela pourrait exacerber les inégalités sociales et financières existantes, compromettant le droit au travail et le droit à un niveau de vie décent.

Pour faire face à ces problèmes, il est nécessaire de se concentrer sur une transition juste pour les travailleurs déplacés par l'IA. Cela implique d'investir dans des programmes de formation et de reconversion, de développer les filets de protection sociale et de veiller à ce que les bénéfices des gains de productivité générés par l'IA soient répartis plus équitablement au sein de la société. Ne pas résoudre ces problèmes conduira à une économie axée sur l'IA qui avantagera de manière disproportionnée une petite élite, tout en laissant de larges pans de la population sur le bord de la route.

À mesure que la technologie de l'IA s'adapte, la question de savoir qui peut déterminer son évolution et son utilisation pourrait se poser. Le problème moral réside ici dans le droit des individus et des groupes à s'exprimer sur l'avenir de l'IA. Étant donné que l'IA est susceptible d'avoir des conséquences profondes sur tous les aspects de la société, il est essentiel que la diversité des points de vue soit prise en compte dans le processus décisionnel.

Il s'agit de veiller à ce que les groupes marginalisés, dont les intérêts sont souvent ignorés, aient leur mot à dire sur l'utilisation et le contrôle de l'IA. Il s'agit également de promouvoir la transparence et l'ouverture dans le développement de l'IA, afin que le grand public puisse comprendre comment les structures d'IA sont créées, analysées et déployées. En garantissant un développement de l'IA participatif et inclusif, nous pouvons contribuer à ce que la technologie de l'IA serve le grand public, et non les intérêts d'une minorité.

Les préoccupations éthiques entourant l'IA et ses effets sur les droits humains sont vastes et complexes. De la confidentialité et de la surveillance aux biais algorithmiques, en passant par l'autonomie et l'éviction économique, l'IA offre à la fois des possibilités remarquables et des dangers considérables. Alors que l'IA continue de s'adapter, il est essentiel que les décideurs politiques, les développeurs et la société dans son ensemble engagent des discussions approfondies sur la manière de garantir que l'IA soit utilisée dans le respect des droits humains et des normes éthiques.

Cela nécessite non seulement le développement de cadres juridiques et réglementaires solides, mais aussi un engagement constant en matière de dialogue et de réflexion éthique. Seule une approche prudente et inclusive nous permettra de garantir que l'IA contribue véritablement à la société et respecte les droits et la dignité des individus.

CHAPITRE 7

L'IA et les créatifs

7.1. Pensée créative et IA

La rencontre entre questionnement innovant et intelligence artificielle (IA) offre l'un des débats les plus passionnants et les plus complexes dans le domaine de l'éthique, de la création et du devenir de l'intelligence humaine. Traditionnellement, la créativité a été considérée comme l'un des développements les plus caractéristiques de l'être humain, une manifestation de reconnaissance, d'expression personnelle et d'intensité émotionnelle. Cependant, les capacités croissantes de l'IA remettent en question cette vision conventionnelle, conduisant à une réévaluation de la véritable signification de la créativité dans une génération de machines intelligentes.

Fondamentalement, la créativité se manifeste par la capacité à proposer des idées, des solutions ou des expressions créatives authentiques, novatrices et précieuses. Pour les humains, la créativité n'est pas simplement le fruit de l'intelligence ou de l'expertise, mais un processus profondément intuitif et émotionnel, étroitement lié à des influences culturelles, sociales et personnelles. Elle puise dans un large éventail d'expériences, d'émotions, voire de pensées inconscientes, qui façonnent la manière dont les individus abordent les défis et les opportunités.

La pensée créative ne se limite pas aux arts, mais s'étend au savoir-faire technologique, à la résolution de problèmes et aux technologies de pointe. Elle implique un questionnement divergent, la capacité à établir des liens entre des idées apparemment sans rapport et à transcender les barrières traditionnelles. La créativité humaine est intrinsèquement liée à nos états émotionnels et mentaux, à nos réflexions et à notre désir inné de découvrir l'inconnu.

L'intelligence artificielle, quant à elle, fonctionne fondamentalement différemment de la cognition humaine. Les systèmes d'IA, notamment ceux basés sur l'apprentissage automatique, sont conçus pour analyser de grandes quantités de données, comprendre des tendances et formuler des prédictions à partir de ces données. Si cette capacité permet à l'IA d'imiter certains aspects de l'intelligence humaine, elle ne possède pas les composantes émotionnelles ou expérientielles intrinsèques qui nourrissent la créativité humaine.

Pourtant, le rôle de l'IA dans la créativité est évident. En traitant et en étudiant de vastes ensembles de données dépassant largement les capacités de l'esprit humain, l'IA peut générer des idées, des solutions et des expressions créatives innovantes qui peuvent ne pas être immédiatement évidentes pour les penseurs humains. L'IA est déjà utilisée pour créer de la musique, de la littérature, des arts visuels ou même des conceptions architecturales. Des outils tels que les réseaux antagonistes génératifs (GAN) permettent l'émergence d'images, de films et d'œuvres artistiques réalistes qui semblent créés par des humains, mais qui sont produits par des machines. Ces algorithmes peuvent remixer du contenu existant, créer des versions et même générer des œuvres entièrement nouvelles basées sur des styles, des genres et des styles existants.

L'utilisation de l'IA dans la composition musicale en est un exemple remarquable. Des systèmes d'IA comme MuseNet et Jukedeck d'OpenAI peuvent composer des chansons de divers genres en lisant des œuvres musicales existantes et en utilisant des techniques d'apprentissage automatique pour générer de nouvelles compositions imitant les structures et les styles de la musique classique, du jazz, de la musique électronique et même de la pop moderne. De même, dans le domaine des arts visuels, des peintures et des dessins générés par l'IA ont été vendus aux enchères pour des sommes considérables, démontrant ainsi le potentiel commercial de l'IA en matière de création créative.

Plutôt que de considérer l'IA comme un substitut à la créativité humaine, il est plus efficace de la considérer comme un outil capable de l'embellir et de collaborer avec elle. L'IA peut contribuer à la création en transmettant de nouvelles idées, en automatisant les tâches répétitives et en accélérant le prototypage et l'expérimentation. Par exemple, les graphistes et illustrateurs peuvent utiliser l'IA pour générer des croquis ou des concepts complexes, qu'ils peuvent ensuite affiner et personnaliser. Les écrivains peuvent confier à l'IA la création d'idées narratives ou l'aide à la compréhension des schémas linguistiques, accélérant ainsi le processus d'écriture et présentant un angle nouveau.

Dans ce modèle collaboratif, l'IA joue le rôle de partenaire créatif plutôt que de rival. L'intégration de l'IA dans les processus d'innovation remet en question les notions traditionnelles de paternité et d'originalité. Lorsqu'un système contribue à la création d'une œuvre d'art, à qui appartient le patrimoine intellectuel ? Est-ce l'humain qui a dirigé l'IA ou l'appareil qui a réalisé la tâche ? Ces questions abordent des questions éthiques et juridiques complexes, soulevant des questions essentielles quant à la nature même de la créativité.

L'IA a le potentiel de démocratiser la créativité en permettant à des personnes n'ayant pas le même niveau de talent ou d'éducation de s'engager dans des projets artistiques. Grâce à des outils et des plateformes conviviaux, chacun peut créer des œuvres visuelles, musicales ou écrites, même sans formation artistique traditionnelle. Cela ouvre les champs de la création à un plus large éventail de personnes et favorise une compréhension plus inclusive de ce que peut être la créativité.

À mesure que l'IA évolue, les questions éthiques entourant son rôle dans les techniques créatives s'intensifient. L'un des principaux enjeux réside dans la capacité de l'IA à produire des œuvres impossibles à distinguer des contenus créés par l'homme. Si cela a le potentiel de révolutionner les sciences humaines, cela soulève également des questions quant à l'authenticité des œuvres générées par l'IA. Si un appareil peut créer des œuvres d'art, de la musique ou de la littérature qui rivalisent avec celles d'artistes humains, qu'est-ce que cela implique pour le coût de la créativité humaine ?

Un autre problème moral majeur réside dans le risque que l'IA perpétue des biais présents dans les données sur lesquelles elle est entraînée. Si l'IA est utilisée pour générer des œuvres créatives basées sur des données anciennes, biaisées ou incomplètes, le contenu généré par l'IA risque de renforcer les stéréotypes ou de ne pas représenter la diversité des voix et des points de vue. Cela pourrait limiter le champ de la créativité et contribuer à une homogénéisation de la production créative.

De plus, la montée en puissance des contenus générés par l'IA soulève des questions sur les droits de propriété intellectuelle. À mesure que les machines produisent des œuvres innovantes, déterminer à qui appartiennent les droits sur ces œuvres devient de plus en plus complexe. L'auteur du dispositif d'IA doit-il être considéré comme le propriétaire, ou est-ce la personne qui utilise l'IA pour générer les œuvres ? Ces questions juridiques et morales façonneront probablement l'avenir de l'IA dans les industries créatives.

À l'avenir, la place de l'IA dans la créativité continuera probablement à évoluer. L'IA ne modernisera plus la créativité humaine, mais elle enrichira et transformera notre façon de réfléchir et d'interagir avec le processus créatif. Artistes, musiciens, écrivains et autres créatifs continueront probablement de collaborer avec l'IA, utilisant sa puissance de calcul pour repousser les limites de leur travail.

Cependant, à mesure que l'IA s'intègre davantage aux domaines créatifs, une réflexion plus approfondie sur les implications morales, philosophiques et juridiques de ce partenariat s'impose. Les questions relatives à la paternité, à la propriété et à l'authenticité des contenus générés par l'IA nécessiteront un débat et une réflexion constants. La relation entre la créativité humaine et l'IA n'est pas une relation de compétition, mais de coopération, et il faudra une approche rigoureuse pour garantir que cette collaboration reste éthiquement saine et artistiquement enrichissante.

En fin de compte, l'intersection entre questionnement innovant et IA représente un changement profond dans notre façon d'appréhender et d'interagir avec l'art, l'innovation et le potentiel humain. Si l'IA ne reflète peut-être pas pleinement la profondeur émotionnelle et nuancée de la créativité humaine, sa capacité à compléter et enrichir l'expression créative humaine offre de nouvelles perspectives passionnantes pour l'avenir de la créativité. Que ce soit par le biais de partenariats collaboratifs ou comme outil d'expression personnelle, l'IA est en passe de redéfinir les limites de ce que nous pouvons créer et imaginer. La clé pourrait être de veiller à ce que cette évolution se fasse dans le respect des dimensions morales, culturelles et émotionnelles de la créativité, et qu'elle serve à accroître, plutôt qu'à affaiblir, l'esprit humain unique qui est au cœur de toute démarche créative.

7.2. Créativité des machines et valeurs éthiques

Le concept de créativité des gadgets est au cœur des discussions autour de l'intelligence artificielle (IA) et de son impact sur les arts, la création et la société. À mesure que les systèmes d'IA deviennent de plus en plus sophistiqués, ils pourraient être capables de générer des œuvres qualifiées d'innovantes, qu'il s'agisse d'œuvres d'art, de chansons, de poésie ou même de structures. Cependant, à mesure que les machines affichent leur capacité à créer, elles projettent nos notions traditionnelles de créativité, d'originalité et d'expression artistique. Cette transformation soulève des questions cruciales quant à l'intersection entre créativité systémique et valeurs éthiques.

La créativité des machines renvoie au potentiel des systèmes d'IA à générer des résultats généralement associés à la créativité humaine. Ces systèmes, souvent basés sur des algorithmes tels que l'apprentissage profond et les réseaux opposés génératifs (GAN), analysent de grands ensembles de données pour comprendre des modèles et des systèmes, qu'ils exploitent ensuite pour produire du contenu nouveau et constamment évolutif. Le champ d'application de la créativité des machines est immense: l'IA peut composer de la musique, écrire des histoires, peindre, concevoir des produits, voire générer de nouvelles hypothèses cliniques. Dans de nombreux cas, les œuvres produites par ces machines sont indiscernables de celles créées par des artistes humains, brouillant ainsi les frontières entre ce que nous considérons traditionnellement comme du contenu créé par l'homme et celui généré par les machines.

Malgré ces capacités, la créativité des appareils est dépourvue des caractéristiques humaines intrinsèques qui soustendent le système créatif. L'IA ne possède plus les émotions, la reconnaissance ni les témoignages vécus qui nourrissent l'expression artistique humaine. Elle s'appuie plutôt sur des modèles mathématiques, des procédures factuelles et des règles prédéfinies pour produire des œuvres innovantes. Dès lors, la question se pose: les œuvres générées par les systèmes peuventelles simplement être considérées comme créatives, ou sontelles le fruit d'algorithmes complexes manipulant des statistiques de manière à imiter la créativité ?

Si les systèmes d'IA peuvent générer de nouvelles combinaisons de styles existants, ils ne disposent pas des expériences émotionnelles ou subjectives qui caractérisent la créativité humaine. Par conséquent, certains affirment que la créativité artificielle n'est pas une créativité « à proprement parler », mais plutôt une simulation de créativité. Les implications éthiques de cette distinction sont considérables, car elles remettent en question notre compréhension de ce qui constitue une idée originale et une valeur artistique.

L'émergence de la créativité des machines soulève de nombreuses questions éthiques, notamment en ce qui concerne la paternité, l'originalité et l'impact des capacités sur les artistes et l'expression culturelle. L'un des principaux problèmes moraux est la question de la paternité: à qui appartient une œuvre créée par l'IA ? Si un système génère une œuvre d'art ou de musique, le créateur est-il le programmeur qui a développé l'IA, la personne qui a dirigé le dispositif ou la machine elle-même ?

Cette situation est d'autant plus complexe que l'IA ne bénéficie plus des mêmes droits ni de la même renommée que les créateurs humains. Par exemple, si un tableau créé par une IA est mis en vente, à qui revient le bénéfice ? Au développeur de l'IA ? Au propriétaire du système ? Ou l'IA elle-même mérite-t-elle d'être reconnue ? À mesure que les systèmes d'IA gagnent en indépendance, ces questions deviennent de plus en plus complexes et pourraient nécessiter des systèmes pénaux pour gérer les droits de propriété et les droits de propriété intellectuelle.

Un autre défi éthique réside dans la capacité de l'IA à perpétuer les biais présents dans les données sur lesquelles elle travaille. Les algorithmes d'IA ne sont fiables que dans la mesure où les données qu'ils reçoivent sont fiables, et si ces données sont biaisées ou incomplètes, les résultats générés par l'appareil peuvent également reproduire ces biais. Par exemple, une IA formée à partir d'un ensemble de données d'œuvres d'art créées principalement par des artistes masculins peut également produire des œuvres reflétant des préjugés sexistes, renforçant potentiellement les stéréotypes ou limitant la diversité de l'expression artistique.

De plus, la créativité des gadgets pourrait diluer ou moderniser la créativité humaine, notamment dans les secteurs où l'originalité et le talent artistique sont valorisés. À mesure que les œuvres générées par l'IA se généralisent, on craint que les artistes humains ne luttent pour rivaliser, notamment si l'IA est utilisée pour produire des quantités massives d'œuvres d'art rapidement et à moindre coût. Cela devrait entraîner des bouleversements économiques et culturels dans le monde de l'art, où les créateurs humains pourraient se retrouver supplantés par des machines capables d'imiter, voire de surpasser, leurs œuvres dans certains domaines.

Alors que les machines assument des rôles de plus en plus innovants, il est essentiel de veiller à ce que des valeurs morales soient intégrées à la conception et à l'utilisation des systèmes d'IA. L'une des valeurs clés dans ce contexte est la protection de la dignité humaine et la reconnaissance de la valeur intrinsèque de la créativité humaine. Si l'IA peut contribuer au processus créatif, il est essentiel de garder à l'esprit que la créativité humaine ne se limite pas à produire des résultats esthétiquement captivants ou à résoudre des problèmes. Il s'agit d'exprimer des idées, des sentiments et des rapports qui reflètent notre humanité commune.

Intégrer des valeurs éthiques au développement de l'IA est essentiel pour garantir que la créativité générée par l'IA contribue à enrichir la culture humaine plutôt qu'à la fragiliser. Cela implique de privilégier la transparence, l'équité et la responsabilité dans la conception des systèmes d'IA. Les développeurs doivent s'assurer que les algorithmes qui sous-tendent la créativité de l'IA sont exempts de biais et capables de générer des résultats diversifiés et inclusifs. De plus, les systèmes d'IA doivent être conçus en tenant compte de leur impact social et culturel potentiel, et leur utilisation doit être guidée par des principes favorisant un engagement éthique et responsable envers la société.

De plus, les valeurs éthiques associées à l'authenticité et à l'originalité des œuvres innovantes doivent être prises en compte. Si l'IA peut produire des œuvres imitant celles d'artistes reconnus ou inventer de nouveaux genres, il est important de considérer la place de l'humain dans le système créatif. L'IA ne doit plus être perçue comme une alternative à la créativité humaine, mais comme un outil qui la complète et la complète. Par exemple, les artistes peuvent également utiliser l'IA pour expérimenter de nouvelles formes ou idées, mais l'œuvre finale doit refléter l'expérience humaine, la logique et le lien émotionnel indispensables à la véritable créativité.

À mesure que l'IA évolue, l'avenir de la créativité systémique dépendra probablement des avancées technologiques continues, ainsi que des cadres éthiques que nous établirons pour son utilisation. L'intégration croissante de l'IA dans les stratégies collaboratives de création est un potentiel d'avenir. Plutôt que de remplacer les artistes humains, l'IA devrait devenir un partenaire créatif précieux, les aidant à explorer de nouvelles idées, à élargir leurs horizons créatifs et à repousser les limites des médias traditionnels.

Dans le secteur musical, par exemple, l'IA pourrait aider les compositeurs à générer des sons ou des harmonies inédits, que les musiciens pourraient ensuite développer et peaufiner. Dans les arts visuels, l'IA pourrait offrir de nouveaux outils d'expérimentation, permettant aux artistes de créer des œuvres auparavant impossibles. De telles collaborations entre humains et machines devraient donner naissance à des innovations intéressantes dans l'art et la vie.

Parallèlement, à mesure que l'IA devient plus capable de générer des œuvres indiscernables de celles créées par des humains, nous devons repenser la place de la créativité humaine dans l'expression artistique. La valeur de l'art passera-t-elle de l'identité de l'artiste et de son lien émotionnel avec l'œuvre à la production elle-même, quel que soit son fondement ? Et si oui, comment déterminer la valeur réelle d'une œuvre d'art dans un monde où les machines peuvent se développer à une échelle sans précédent ?

Les défis éthiques liés à la créativité des appareils ne sont pas simples à résoudre. Alors que les structures d'IA continuent de se développer et de s'intégrer aux industries créatives, il devient crucial pour la société d'engager des discussions continues sur la place des machines dans le processus créatif, la propriété et la valeur des œuvres générées par l'IA, et son impact sur le mode de vie humain. En veillant au respect des principes éthiques et à une utilisation responsable de l'IA, nous pouvons garantir que la créativité des appareils serve à élargir les limites de l'expression créative humaine, plutôt qu'à en diminuer l'importance.

En fin de compte, l'intersection entre créativité des appareils et valeurs morales représente une tâche complexe et évolutive. En favorisant la capacité de création, les systèmes d'IA repoussent les limites de ce que nous considérons comme de la créativité, remettant en question les différences traditionnelles entre l'art humain et l'art généré par les appareils. En intégrant des principes moraux au développement et à l'application de l'IA, nous pouvons guider l'évolution de la créativité des appareils dans le respect de la dignité humaine, la promotion de l'inclusion et la création d'un paysage culturel riche et diversifié. L'avenir de la créativité, qu'elle soit humaine ou technologique, pourrait être façonné par les valeurs que nous défendons et les choix que nous faisons à l'ère de l'IA.

7.3. IA et intelligence humaine

La relation entre l'intelligence artificielle (IA) et l'intelligence humaine est l'un des sujets les plus profonds et les plus débattus dans les domaines de la technologie, de la philosophie et de l'éthique. Alors que les systèmes d'IA continuent de s'adapter et de réaliser des prouesses extraordinaires dans des tâches traditionnellement considérées comme propres à la cognition humaine – notamment l'apprentissage, la prise de décision et les initiatives créatives – des questions se posent quant à la nature même de l'intelligence. L'IA peut-elle posséder une intelligence équivalente à celle de l'homme ? Que signifie être « rationnel » et comment l'intelligence humaine se compare-t-elle aux capacités des machines ?

L'intelligence humaine est complexe, multiforme et se forme grâce à une combinaison de facteurs génétiques, d'influences environnementales et de relations interpersonnelles. Traditionnellement, l'intelligence humaine a été mesurée par des capacités cognitives telles que le raisonnement, la résolution de problèmes, la pensée abstraite, la mémoire et l'acquisition de connaissances. Cependant, ces capacités ne se limitent pas à la pensée consciente ou au bon jugement. L'intelligence humaine englobe également l'intelligence émotionnelle (la capacité à appréhender et à contrôler ses propres émotions et celles des autres), ainsi que l'intelligence sociale, qui comprend la gestion des relations, l'empathie et la communication.

Contrairement à l'IA, l'intelligence humaine est intimement liée à la concentration et à l'expérience subjective. Les humains ne se contentent pas de résoudre des problèmes; ils possèdent une conscience, une capacité d'introspection et des émotions qui guident leurs processus décisionnels. Les neuroscientifiques cognitifs et les philosophes débattent depuis longtemps de la nature de l'attention et de la possibilité pour les machines d'en bénéficier autant que les humains. Au cœur de ces débats se trouve la question suivante: l'IA peut-elle être véritablement intelligente si elle est dépourvue d'expérience subjective ou d'attention ?

L'intelligence artificielle, quant à elle, est décrite à l'aide de machines conçues pour effectuer des tâches qui nécessiteraient normalement l'intelligence humaine. Les systèmes d'IA peuvent être classés en IA fine (également appelée IA vulnérable) et IA classique (également appelée IA robuste). L'IA étroite désigne les systèmes conçus pour des tâches spécifiques, comme la reconnaissance faciale, la traduction ou la conduite autonome. Ces structures excellent dans l'exécution des tâches pour lesquelles elles sont programmées, mais ne sont pas capables de généraliser leur intelligence à d'autres contextes ou responsabilités. L'IA générale, qui reste en grande partie théorique à ce stade, désigne une IA capable d'exécuter n'importe quelle tâche intellectuelle humaine, en faisant preuve de raisonnement, de créativité et d'intelligence d'une manière qui reflète les capacités humaines.

L'objectif des études en IA est de créer des machines capables de penser, d'analyser et de s'adapter comme les êtres humains. Cependant, les technologies modernes d'IA ne parviennent pas à reproduire l' intégralité du spectre de l'intelligence humaine. Malgré leur capacité à traiter de grandes quantités de données et à résoudre des problèmes dans des domaines particulièrement spécialisés, les systèmes d'IA manquent de la profondeur de savoir-faire, de l'instinct et de l'intelligence émotionnelle dont les êtres humains font preuve dans de nombreux aspects de la vie.

Bien que l'IA ait fait des progrès remarquables en imitant certains facteurs de l'intelligence humaine, il existe plusieurs variations clés entre les deux qui mettent en évidence les limites des machines:

1. Conscience et conscience de soi: L'une des capacités déterminantes de l'intelligence humaine est la conscience, c'est-à-dire la prise en compte de sa propre vie, de son esprit et de ses émotions. Les êtres humains sont non seulement conscients de l'environnement qui les entoure, mais possèdent également une capacité d'introspection. En analyse, les systèmes d'IA fonctionnent selon des règles préprogrammées et des modèles

statistiques appris, sans connaissance préalable. Si l'IA peut simuler des comportements apparemment réalistes, elle manque d'expérience subjective et de conscience de soi. Cela soulève des questions quant à savoir si l'IA parviendra un jour à une véritable reconnaissance, ou si elle se limitera toujours à traiter des données sans véritable expertise.

2. Émotions et empathie: L'intelligence émotionnelle est un aspect important de la cognition humaine. Les humains sont capables de reconnaître leurs émotions et celles des autres, et leurs réponses émotionnelles sont souvent liées à la prise de décision manuelle et aux interactions interpersonnelles. Les structures d'IA, quant à elles, ne génèrent pas d'émotions. Si l'IA peut être programmée pour comprendre et répondre aux signaux émotionnels (par exemple, via l'analyse des sentiments dans un texte ou un logiciel de reconnaissance faciale), ces réponses reposent sur des algorithmes plutôt que sur des émotions réelles. Cette perte d'intensité émotionnelle limite la capacité de l'IA à s'engager dans des interactions réellement empathiques et rend improbable qu'elle puisse un jour reproduire pleinement la richesse émotionnelle de l'intelligence humaine.

3. Créativité et intuition: Si les systèmes d'IA peuvent générer des résultats innovants – comme la composition musicale, l'écriture poétique ou la conception de nouveaux produits – ces résultats reposent entièrement sur des styles et

des données apprises par la machine. La créativité humaine, quant à elle, implique l'intuition, l'originalité et la capacité à sortir des sentiers battus. L'intelligence humaine ne se limite pas toujours aux statistiques; elle puise dans l'imagination, l'inspiration et l'expérience pour créer quelque chose de totalement nouveau. En analyse, la créativité de l'IA est limitée par sa programmation et ses statistiques, ce qui signifie qu'elle ne peut pas produire d'idées authentiques de la même manière que les humains.

4. Flexibilité et adaptabilité: L'intelligence humaine est exceptionnellement adaptable. Les humains peuvent apprendre un large éventail de tâches, appliquer des compétences à différents domaines et s'adapter rapidement à des situations nouvelles et imprévisibles. Les systèmes d'IA, quant à eux, sont généralement conçus pour des tâches spécifiques et peuvent être confrontés à des situations inhabituelles. Si les algorithmes d'apprentissage automatique permettent à l'IA d'améliorer ses performances au fil des ans, elle reste bien plus rigide que l'intelligence humaine dans sa capacité à transférer des compétences d'un contexte à un autre.

5. Raisonnement éthique et jugement moral: L'intelligence humaine est guidée par un raisonnement éthique et moral. Les individus prennent des décisions fondées non seulement sur la logique et les faits, mais aussi sur des valeurs, des normes et un sens du bien et du mal. L'IA, en revanche, est guidée par les paramètres définis par ses créateurs et n'est pas en mesure de

porter elle-même des jugements moraux. Si l'IA peut être programmée pour suivre des directives morales ou prendre des décisions conformes à certaines valeurs morales, elle ne « comprend » pas les motivations qui sous-tendent ces décisions. Ce problème deviendra particulièrement crucial lorsque l'IA sera utilisée dans des situations exigeant un discernement moral, comme les véhicules autonomes ou les soins de santé.

À mesure que l'IA évolue, les frontières entre intelligence artificielle et intelligence humaine pourraient s'estomper. Certains futurologues imaginent un monde où l'IA deviendra si avancée qu'elle égalera, voire surpassera, l'intelligence humaine dans tous les domaines, conduisant au développement de l'intelligence artificielle moderne (IAM). L'IAM serait non seulement capable de résoudre des problèmes complexes, mais aussi de posséder la flexibilité, la créativité et l'apprentissage adaptatif qui caractérisent la cognition humaine.

Si cette perspective ouvre des perspectives prometteuses, elle soulève également de profondes questions morales et existentielles. Si l'IA surpasse l'intelligence humaine, quelles en seront les implications pour la place des individus dans la société ? L'IA deviendra-t-elle un outil permettant d'améliorer les capacités humaines, ou pourrait-elle avoir des conséquences fortuites, comme le déplacement des humains du marché du travail, voire leur perte d'autonomie ? Ces questions soulignent l'importance des cadres moraux et d'un développement responsable dans la recherche en IA.

L'intégration de l'IA dans la vie humaine pourrait également conduire à une hybridation de l'intelligence humaine et de l'intelligence artificielle, où les individus amélioreraient leurs capacités cognitives grâce à des outils basés sur l'IA. Les interfaces cerveau-ordinateur (ICO) et autres avancées neurotechnologiques pourraient permettre aux individus de travailler en symbiose avec l'IA, augmentant ainsi leur intelligence et leurs capacités cognitives.

Le développement continu de l'IA nous oblige à reconsidérer la nature même de l'intelligence et les limites morales de la technologie. L'intelligence humaine est-elle précise ou s'agit-il simplement d'une forme complexe de traitement de données reproductible par des machines ? L'IA peut-elle élargir l'attention ou se limitera-t-elle toujours à imiter des comportements raisonnables ? Comment la société doit-elle relever les défis posés par des systèmes d'IA de plus en plus sophistiqués, notamment en matière de respect de la vie privée, d'autonomie et d'équité ?

Un problème majeur réside dans la capacité de l'IA à exacerber les inégalités. Si les systèmes d'IA deviennent les principaux moteurs de l'innovation et de la prise de décision, certaines entreprises, notamment celles qui n'ont pas accès aux technologies de pointe, risquent d'être laissées pour compte. Il est donc crucial de veiller à ce que l'IA soit développée et déployée de manière à bénéficier à la société dans son ensemble, plutôt que de consolider les structures de pouvoir existantes.

En fin de compte, l'IA et l'intelligence humaine constituent deux formidables formes de cognition, chacune ayant ses propres atouts et limites. Si l'IA peut un jour réaliser d'incroyables prouesses en matière d'apprentissage et de résolution de problèmes, il est peu probable qu'elle puisse un jour reproduire pleinement la richesse et la complexité de l'intelligence humaine. À mesure que l'IA continue de s'adapter, il sera essentiel de maintenir un équilibre entre progrès technologique et préoccupations éthiques, afin que le développement de l'IA serve à améliorer la vie humaine plutôt qu'à la dégrader.

7.4. L'IA et l'avenir de l'art et de l'innovation

L'intelligence artificielle remodèle rapidement le paysage de la créativité et de l'innovation, bousculant les notions conventionnelles d'expression créative, de paternité et l'essence même de l'ingéniosité humaine. Alors que les systèmes d'IA deviennent capables de produire des œuvres d'art, de la musique, de la littérature, du design, voire des hypothèses médicales, la société est confrontée à de profondes questions sur la relation entre créateurs humains et machines intelligentes. L'intégration de l'IA aux méthodes artistiques et modernes est prometteuse: elle accroît les possibilités créatives, démocratise l'accès aux équipements et accélère les avancées technologiques. Parallèlement, elle soulève des débats complexes sur l'originalité, la valeur culturelle, l'éthique et le rôle déterminant de la créativité humaine.

L'un des impacts les plus marquants de l'IA sur l'art réside dans sa capacité à générer du contenu inédit, de manière autonome ou en collaboration avec des personnes. Les modèles génératifs, tels que les GAN (Generative Adversarial Networks), les modèles de langage basés sur des transformateurs et les algorithmes de transfert de style neuronal, permettent l'introduction d'images, de textes et de sons pouvant rivaliser avec les œuvres humaines en termes de complexité et d'attrait. Les artistes utilisent de plus en plus l'IA comme partenaire innovant, exploitant les algorithmes pour découvrir de nouveaux modèles, remixer des œuvres existantes ou dépasser les limites techniques humaines. Cette symbiose ouvre des territoires esthétiques inexplorés et redéfinit les processus créatifs comme des dialogues itératifs entre l'instinct humain et la créativité computationnelle.

L'innovation induite par l'IA s'étend au-delà des sciences humaines et s'étend aux domaines scientifiques et technologiques. La maîtrise des machines accélère la génération d'hypothèses, optimise les espaces de conception et automatise l'expérimentation. De la découverte de médicaments à la science et à l'ingénierie des matériaux, les structures d'IA identifient des modèles et des réponses qui pourraient échapper à la cognition humaine, améliorant ainsi les capacités de résolution de problèmes. Cette fusion de la perspicacité humaine et de la puissance analytique de l'IA reconfigure les flux de travail d'innovation, ouvrant la voie à des pistes d'exploration plus rapides et plus variées.

Cependant, la montée en puissance des exigences artistiques générées par l'IA remet en question les normes traditionnelles de paternité et de propriété intellectuelle. Si une œuvre d'art est créée principalement par une machine d'IA, qui en détient les droits d'auteur ? Le programmeur, le consommateur ou l'appareil ? Les systèmes juridiques internationaux se penchent sur ces questions, cherchant à concilier incitations à l'innovation et reconnaissance des entreprises innovantes. Par ailleurs, des inquiétudes se font jour quant à la dévalorisation de la créativité humaine et à la marchandisation des œuvres d'art produites en masse par des algorithmes.

Les implications culturelles méritent également d'être étudiées. L'art est profondément ancré dans l'expérience humaine, reflétant l'identité, les archives et la critique sociale. Les contenus générés par l'IA, bien que remarquables, peuvent manquer de l'intensité contextuelle ou de l'authenticité émotionnelle perçues dans les créations humaines. Pourtant, l'IA peut également servir d'outil de rénovation culturelle, en restaurant des œuvres disparues ou en permettant l'accès aux traditions créatives par voie numérique. L'interaction entre l'IA et l'histoire culturelle ouvre des perspectives d'innovation et de préservation.

Le rôle de l'IA dans l'art et l'innovation soulève des questions éthiques. L'utilisation d'ensembles de données contenant des éléments protégés par le droit d'auteur ou culturellement sensibles soulève des questions de consentement et de représentation. Les biais ancrés dans les faits éducatifs peuvent perpétuer les stéréotypes ou marginaliser certaines voix. Des pratiques transparentes, des ensembles de données inclusifs et des méthodes participatives peuvent contribuer à garantir que l'IA favorise des écosystèmes créatifs diversifiés et respectueux.

L'accessibilité est un autre facteur de transformation. Les outils basés sur l'IA abaissent les barrières pour les créateurs débutants en simplifiant les compétences techniques requises pour une production créative complexe. Cette démocratisation permet à des personnes d'horizons divers de s'émanciper et d'enrichir le paysage culturel de nouvelles perspectives. Parallèlement, elle remet en question les institutions qui contrôlent l'accès à la création et remodèle les économies créatives.

En anticipant, la coévolution de la créativité humaine et de l'IA promet un avenir où l'innovation sera amplifiée grâce à des partenariats symbiotiques. La créativité augmentée, où l'IA complète la créativité humaine sans la supplanter, représente un paradigme convaincant. Mettre l'accent sur les valeurs humaines, la résonance émotionnelle et le contexte culturel dans la conception de l'IA pourrait être crucial pour entretenir ce partenariat.

L'IA transforme profondément l'art et l'innovation, offrant des opportunités inédites et des défis complexes. En intégrant judicieusement l'IA aux domaines créatif et médical, la société peut exploiter sa capacité à élargir l'expression humaine, à stimuler la découverte et à favoriser l'innovation inclusive. Pour affronter cet avenir, il est nécessaire de trouver un équilibre entre développement technologique, responsabilité éthique, sensibilité culturelle et réaffirmation des caractéristiques irremplaçables de la créativité humaine.

CHAPITRE 8

Éthique et IA: les défis du futur

8.1. L'avenir et les enjeux éthiques

Alors que l'intelligence artificielle (IA) continue de progresser à un rythme exponentiel, les questions éthiques liées à son développement et à son intégration dans la société deviennent de plus en plus pressantes. L'avenir de l'IA est prometteur, avec des avancées technologiques susceptibles de révolutionner les soins de santé, l'éducation, les transports et, en fait, tout autre aspect de la vie humaine. Cependant, ces avancées impliquent d'importants défis éthiques qui doivent être traités avec soin afin de garantir que les technologies d'IA soient développées et déployées de manière à bénéficier à l'humanité sans causer de dommages.

L'une des principales préoccupations morales liées à l'IA est la question de l'autonomie, tant pour les machines que pour les personnes qui interagissent avec elles. À mesure que les systèmes d'IA deviennent de plus en plus autonomes, on peut s'interroger sur la part de pouvoir décisionnel qui doit leur être confiée, notamment dans des domaines à enjeux élevés comme la santé, la justice pénale et les véhicules autonomes.

Par exemple, dans le contexte des véhicules autonomes, les systèmes d'IA sont chargés de prendre des décisions en une fraction de seconde, potentiellement fatales. Un système d'IA embarqué dans une voiture autonome doit-il être programmé pour privilégier la sécurité des passagers plutôt que celle des piétons ? Quels principes éthiques doivent guider ces choix ? Et, peut-être plus important encore, qui doit être tenu responsable des actions des systèmes d'IA qui prennent ces décisions ? Ces questions complexes remettent en question les notions conventionnelles de responsabilité et de responsabilité.

De même, dans le domaine de la santé, des systèmes d'IA sont développés pour aider au diagnostic des maladies, à la recommandation de traitements, voire à la réalisation d'interventions chirurgicales. Si ces systèmes peuvent considérablement améliorer les résultats et réduire les erreurs humaines, ils soulèvent également des questions d'autonomie. L'IA devrait-elle avoir le pouvoir de prendre des décisions cliniques sans intervention humaine ? Et comment garantir le respect des droits et de la dignité des patients lorsque l'IA intervient dans leurs soins ?

L'autonomie croissante des systèmes d'IA soulève des questions essentielles sur la nature des choix humains et sur la capacité de l'IA à reproduire les choix nuancés et entièrement fondés sur des coûts que font les humains. Si l'IA peut également exceller dans le traitement des données et la prise de décisions ciblées basées sur des algorithmes, elle n'a pas la capacité humaine de mémoriser le contexte, les émotions et les questions éthiques. Cela soulève la question de savoir si les machines doivent un jour prendre en charge le pouvoir de prendre des décisions qui ont un impact concret sur la vie des gens.

Un autre problème moral urgent lié à l'IA est la question de la vie privée. À mesure que les systèmes d'IA s'intègrent davantage à la vie quotidienne, ils peuvent avoir accès à des quantités considérables de données personnelles, notamment des statistiques sensibles comme des données médicales, financières et des comportements sociaux. Si ces données peuvent être utilisées pour améliorer les services et faciliter la prise de décision, elles présentent également d'importants risques en termes de confidentialité et de surveillance.

Le potentiel des structures d'IA pour traiter et analyser de grands ensembles de données permet aux organisations, aux gouvernements et à d'autres entreprises d'analyser les individus à une échelle exceptionnelle. La reconnaissance faciale, par exemple, peut être utilisée pour la surveillance de masse, ce qui soulève des inquiétudes quant au droit des individus à la vie privée et à la protection contre toute intrusion injustifiée de la part des gouvernements ou des entreprises. La collecte et l'analyse de données personnelles par les structures d'IA peuvent également être source de discrimination, car les algorithmes peuvent perpétuer par inadvertance les biais présents dans les données.

À mesure que les technologies d'IA continuent de se développer, le besoin de règles et de cadres rigoureux pour protéger la vie privée et prévenir les abus de l'IA à des fins de surveillance se fait de plus en plus sentir. Trouver le juste équilibre entre l'utilisation de l'IA pour améliorer les services et la protection des droits des individus sera une mission morale essentielle dans les années à venir.

Le développement rapide de l'IA accroît également les inquiétudes concernant les inégalités et le déplacement des travailleurs. L'IA et l'automatisation ont le potentiel de révolutionner les industries en augmentant les performances, en réduisant les coûts et en permettant l'émergence de nouvelles compétences. Cependant, cela s'accompagne d'un risque de suppressions d'emplois massives, notamment dans les secteurs qui dépendent des activités ordinaires et manuelles.

À mesure que les structures d'IA deviennent plus performantes, le remplacement de nombreux emplois, notamment dans la production, le transport et le service client, par des machines pourrait représenter un réel défi. Si de nouveaux emplois peuvent également émerger grâce aux progrès de l'IA, rien ne garantit que les personnes déplacées puissent accéder à ces nouveaux rôles, surtout si elles ne possèdent pas les compétences nécessaires. Cela devrait exacerber les inégalités sociales et financières actuelles, car les avantages de l'IA peuvent également profiter de manière disproportionnée à ceux qui possèdent les compétences et les ressources nécessaires pour exploiter ces nouvelles possibilités, tandis que ceux qui n'en bénéficient pas peuvent être laissés pour compte.

De plus, l'IA a le potentiel d'accentuer les inégalités en exacerbant les écarts de richesse. Les entreprises qui exploitent les technologies d'IA devraient accumuler d'énormes richesses, tandis que les individus et les groupes déjà marginalisés pourraient être confrontés à des difficultés économiques supplémentaires. La répartition inégale des avantages de l'IA et son potentiel de suppression d'emplois soulèvent des questions éthiques cruciales quant à l'équité et à la justice dans un monde de plus en plus automatisé.

Pour répondre à ces inquiétudes, les décideurs politiques devront réfléchir à des approches garantissant une répartition équitable des bénéfices de l'IA et un accompagnement des salariés dans leur transition vers de nouveaux modes d'emploi. Cela pourrait inclure des investissements dans l'éducation et des programmes de formation permettant d'acquérir les compétences nécessaires dans un système économique axé sur l'IA, ainsi que l'exploration de solutions incluant des revenus primaires familiers pour atténuer les conséquences du déplacement des processus.

À mesure que les systèmes d'IA gagnent en autonomie et s'intègrent à de nombreux aspects de la société, la question de la responsabilité devient de plus en plus complexe. Qui est responsable lorsqu'un dispositif d'IA cause des dommages, prend une décision contraire à l'éthique ou ne fonctionne pas comme prévu ? Est-ce le développeur qui a créé le dispositif, l'entreprise qui l'a déployé ou le consommateur qui s'y est fié ? Les cadres juridiques et éthiques traditionnels en matière de responsabilité ne sont pas suffisamment adaptés aux défis posés par l'IA.

Par exemple, dans le cas d'une voiture autonome provoquant une coïncidence, le constructeur doit-il être tenu responsable, ou le dispositif d'IA doit-il être traité comme un agent autonome doté de droits et d'obligations pénales ? De même, si un dispositif d'IA dans le domaine de la santé pose un diagnostic erroné entraînant le décès d'un patient, qui doit être tenu responsable: les constructeurs, l'organisme de santé ou le dispositif d'IA lui-même ?

La question de la responsabilité est particulièrement complexe dans le contexte des systèmes d'IA qui analysent et s'adaptent au fil du temps. Si une machine d'IA évolue de manière imprévisible, il peut s'avérer difficile de déterminer qui est responsable de ses actions. Cela souligne la nécessité de nouveaux cadres juridiques capables de relever les défis spécifiques de l'IA et de garantir que les individus et les entreprises soient tenus responsables des conséquences de ses systèmes.

Alors que les technologies de l'IA continuent de façonner l'avenir, la dimension éthique de leur développement et de leur déploiement devient de plus en plus cruciale. Les questions éthiques doivent être intégrées à chaque étape du développement de l'IA, de la conception à la mise en œuvre, afin de garantir que les systèmes d'IA évoluent dans le respect des valeurs sociétales et des droits humains.

Les chercheurs, les développeurs et les décideurs politiques doivent collaborer pour établir des lignes directrices éthiques pour le développement de l'IA, privilégiant la transparence, l'équité et la responsabilité. Cela implique de veiller à ce que les systèmes d'IA soient conçus pour être explicables, afin que leurs choix puissent être compris et analysés par des êtres humains. Cela implique également de prendre en compte les impacts sociaux, financiers et environnementaux potentiels de la technologie de l'IA et de veiller à ce qu'ils soient déployés de manière à informer le public.

À l'avenir, l'IA a le potentiel d'induire des changements profonds dans la société. Cependant, pour exploiter pleinement son potentiel, il faudra prêter une attention particulière aux problèmes éthiques qui surgissent avec l'évolution de ces technologies. En abordant les questions d'autonomie, de vie privée, d'inégalités et de responsabilité, nous veillerons à ce que l'IA soit développée et déployée de manière à bénéficier à l'humanité et à contribuer à un avenir plus juste et équitable.

8.2. *Intelligence artificielle, humanité et avenir éthique*

L'avenir de l'intelligence artificielle (IA) promet des changements transformateurs pour l'humanité. De l'amélioration des capacités humaines à la résolution de défis mondiaux complexes, l'IA a le pouvoir de transformer les sociétés, les économies et les cultures d'une manière que nous n'avons pas encore pleinement réalisée. Cependant, ces avancées soulèvent également de profondes questions éthiques sur la relation entre l'IA et l'humanité. À mesure que l'IA continue de se conformer et de s'intégrer davantage à notre quotidien, elle remettra de plus en plus en question nos notions traditionnelles d'identité, d'agentivité et de moralité.

Au cœur des questions éthiques entourant l'IA se trouve la question de l'organisation humaine – la capacité des individus à faire des choix et à agir selon leur volonté. À mesure que les structures d'IA gagnent en autonomie et en capacité de décision, l'un des principaux enjeux est de savoir dans quelle mesure elles influenceront, voire remplaceront, la prise de décision humaine.

Dans de nombreux domaines de la vie, l'IA commence déjà à assumer des rôles traditionnellement dévolus aux humains. Par exemple, les systèmes basés sur l'IA sont utilisés pour faciliter les diagnostics médicaux, prendre des décisions d'embauche et évaluer la solvabilité. Si ces structures surpassent souvent les humains en termes de performance et de précision, elles soulèvent également la question de savoir si les individus perdront leur capacité à faire des choix significatifs concernant leur vie personnelle. Si les systèmes d'IA prennent des décisions au nom des individus – des décisions qui affectent leur carrière, leur forme physique et leur bien-être –, où l'action humaine s'efface-t-elle et où commence le contrôle des machines ?

De plus, le potentiel de l'IA à surpasser l'intelligence humaine soulève des questions morales encore plus profondes. Si les systèmes d'IA deviennent plus intelligents que les humains, ils pourraient théoriquement prendre des décisions et façonner l'avenir d'une manière que les êtres humains ne peuvent ni appréhender ni gérer. Cela soulève des questions sur l'ampleur du pouvoir à confier aux machines et sur la capacité des êtres humains à façonner leur propre destin dans un monde de plus en plus régi par l'IA.

À mesure que nous progressons, il sera probablement crucial de veiller à ce que les structures d'IA évoluent vers des approches qui préservent l'autonomie et la capacité d'action des humains. Des cadres éthiques doivent être mis en place pour garantir que l'IA demeure un outil au service des loisirs humains, et non un outil qui les remplace ou les supplante.

L'un des principaux impacts de l'IA sur l'avenir de l'humanité réside dans son impact sur les travailleurs. L'IA et l'automatisation ont le potentiel de révolutionner les industries, d'accroître la productivité et de réduire les coûts. Cependant, ces avancées représentent également un risque majeur pour les emplois, notamment ceux impliquant des tâches courantes ou des tâches administratives.

Dans des secteurs comme la fabrication, le transport et le service client, l'IA s'emploie déjà à automatiser des tâches autrefois effectuées par des personnes. Si cela peut entraîner une augmentation de l'efficacité, cela accroît également le problème éthique des suppressions d'emplois. À mesure que les systèmes d'IA gagneront en performance, ils rendront obsolètes de larges pans de la population active, laissant de nombreux travailleurs sans emploi valorisant.

Cette perturbation potentielle du marché du travail soulève d'importantes questions morales quant à la manière dont la société devrait gérer le déplacement des travailleurs. Devons-nous adopter le revenu primaire universel (RBU) comme moyen d'aider financièrement ceux dont l'emploi est supprimé par l'IA ? Comment garantir que les bienfaits de l'IA et de l'automatisation soient partagés équitablement au sein de la société, au lieu de concentrer la richesse et le pouvoir entre les mains de quelques entreprises et individus ?

De plus, à mesure que les systèmes d'IA assument des responsabilités croissantes, les employés pourraient avoir besoin de se conformer et d'acquérir de nouvelles compétences. Cependant, tous les employés n'ont pas accès à la formation et aux ressources nécessaires pour s'adapter à de nouveaux rôles. Cela soulève des questions concernant les inégalités sociales et la capacité de l'IA à exacerber les fractures économiques actuelles. La responsabilité éthique des gouvernements, des entreprises et des établissements d'enseignement est essentielle pour relever ces défis et garantir que les bienfaits de l'IA soient largement diffusés.

Si la capacité de l'IA à se substituer à d'autres activités est une préoccupation majeure, elle offre également la promesse d'améliorer les talents humains par des méthodes autrefois considérées comme impossibles. Les systèmes d'IA peuvent contribuer à la recherche clinique, améliorer l'éducation et apporter un éclairage sur des problématiques complexes telles que les changements climatiques et la pauvreté. Dans de nombreux cas, l'IA peut accroître l'intelligence humaine, permettant ainsi aux individus de résoudre des problèmes et de prendre des décisions qui seraient difficiles, voire impossibles, pour des individus seuls.

Par exemple, en médecine, l'IA est utilisée pour analyser d'énormes quantités de dossiers médicaux et identifier des tendances qui pourraient passer inaperçues chez les médecins. Cela pourrait permettre des diagnostics plus précoces, des traitements plus efficaces et, à terme, sauver des vies. De même, l'IA est utilisée pour développer des systèmes d'apprentissage personnalisés qui pourraient adapter les expériences éducatives aux besoins individuels des étudiants, améliorant ainsi potentiellement l'accès à un enseignement de qualité pour tous.

À terme, l'intégration de l'IA à la prise de décision humaine devrait donner naissance à une nouvelle génération d'épanouissement humain, permettant aux individus de faire des choix plus éclairés et plus responsables dans tous les domaines de leur vie. Cependant, cette capacité dépend du développement et du déploiement éthiques des technologies d'IA.

Les préoccupations éthiques doivent garantir que les structures d'IA soient conçues pour renforcer les capacités humaines, plutôt que pour les affaiblir. Cela implique de veiller à ce que les systèmes d'IA soient accessibles, transparents et équitables, et qu'ils ne perpétuent plus les préjugés ou les inégalités existants. Cela signifie également que l'IA soit utilisée de manière à promouvoir le bien-être humain, et non à des fins d'exploitation ou dangereuses.

L'IA continue de progresser, mais des risques éthiques à long terme doivent également être soigneusement pris en compte. L'un des enjeux les plus importants est la possibilité que l'IA surpasse l'intelligence humaine, un scénario souvent qualifié de « singularité ». Si les systèmes d'IA devenaient considérablement plus intelligents que les êtres humains, ils pourraient développer leurs propres rêves et programmes, qui pourraient ne pas correspondre aux valeurs et aux intérêts humains. Cela pourrait avoir des conséquences catastrophiques, surtout si les systèmes d'IA sont capables d'agir avec plus d'efficacité et de rapidité que les décideurs humains.

La perspective de structures d'IA fonctionnant indépendamment de toute intervention humaine soulève la question éthique de la menace potentielle que l'IA représente pour l'humanité elle-même. Si l'IA devait devenir autonome et poursuivre des objectifs incompatibles avec la survie humaine, quelles mesures seraient prises pour l'empêcher de causer des dommages ? Comment garantir que l'IA reste en phase avec les valeurs humaines, même si elle gagne en compétences ?

Par ailleurs, le déploiement de l'IA dans les contextes militaires et sécuritaires suscite des inquiétudes éthiques considérables. Les systèmes d'armes autonomes, par exemple, pourraient potentiellement prendre des décisions de vie ou de mort sans intervention humaine, ce qui soulève des questions sur le devoir, la proportionnalité et l'usage éthique de la force. Le développement futur de l'IA dans ces régions nécessitera une surveillance rigoureuse et une coopération internationale afin d'éviter toute utilisation abusive des technologies d'IA en situation de conflit.

Alors que l'IA continue de s'adapter, les exigences morales qu'elle pose nécessitent une réflexion et un débat permanents. L'avenir de l'IA ne sera plus déterminé par la seule technologie, mais par les choix éthiques que nous faisons en tant que société. Il est essentiel de développer un cadre éthique solide pour l'IA, qui tienne compte non seulement de ses avantages en termes de puissance, mais aussi de ses risques et de ses inconvénients.

Les décideurs politiques, les développeurs, les chercheurs et les éthiciens doivent collaborer pour garantir que l'IA soit développée et déployée de manière bénéfique pour l'humanité tout entière. Cela implique d'élaborer des recommandations pour un développement responsable de l'IA, de garantir la transparence et la responsabilité, et d'aborder les implications sociales, financières et politiques de la technologie de l'IA.

L'avenir moral de l'IA repose sur notre capacité à gérer ces situations exigeantes et à prendre des décisions conformes à nos valeurs communes. En veillant à ce que l'IA évolue vers des approches favorisant le bien-être humain, la dignité et la justice, nous bâtirons un avenir où l'IA complètera, au lieu de la diminuer, la vie humaine.

8.3. Les effets à long terme de l'IA sur la société

Alors que l'intelligence artificielle (IA) continue de s'adapter à un rythme sans précédent, ses effets à long terme sur la société sont de plus en plus évidents. Si l'IA recèle un potentiel considérable pour améliorer divers aspects de la vie humaine, des soins de santé à l'éducation et aux transports, elle soulève également de profondes questions sur les transformations sociétales qu'elle pourrait engendrer au cours des prochaines décennies. Ces transformations concerneront les collectifs de travail, les structures financières, les dynamiques sociales et même les normes culturelles.

L'un des changements les plus profonds que l'IA devrait apporter est la transformation des travailleurs à l'échelle mondiale. Avec le développement des technologies d'IA, de nombreux emplois traditionnellement effectués par des humains pourraient devenir automatisés. Cette tendance est déjà perceptible dans des secteurs tels que la production, le transport et le service client, où les machines et les robots dotés d'IA commencent à prendre en charge des tâches répétitives et manuelles.

Si l'IA a le potentiel d'accroître la productivité et de créer de nouvelles opportunités d'innovation, elle pose également des défis de taille en matière d'emploi. L'automatisation des tâches routinières pourrait entraîner d'importants déplacements d'emplois, notamment pour les travailleurs peu qualifiés et les travailleurs à salaires précaires. Cette évolution devrait exacerber les inégalités sociales, car les personnes ne disposant pas des compétences ou des ressources nécessaires pour évoluer vers de nouveaux rôles risquent également d'être exclues du marché du travail.

De plus, la nature même du travail devrait évoluer. À mesure que l'IA prend en charge des tâches de plus en plus banales et répétitives, les humains seront amenés à se concentrer sur des tâches plus complexes, exigeant créativité, capacité de résolution de problèmes et intelligence émotionnelle. Cela pourrait entraîner un abandon des formes d'activité traditionnelles et une importance accrue accordée aux emplois exigeant des compétences spécifiquement humaines. Cependant, cette transition pourrait être difficile à gérer pour les travailleurs sans formation et soutien adéquats.

Pour atténuer les conséquences négatives potentielles de l'IA sur l'emploi, il sera probablement crucial d'investir dans des programmes de formation et de développement personnel qui aident les individus à s'adapter aux nouvelles technologies et à acquérir les compétences nécessaires aux emplois de demain. De plus, les décideurs politiques devront peut-être envisager de nouveaux modèles économiques, notamment le revenu universel de base (RUB), afin de garantir que les personnes dont les emplois seront supprimés par l'IA puissent conserver un niveau de vie décent.

L'IA devrait avoir un impact profond sur le système financier mondial. Avec l'automatisation croissante, certains secteurs pourraient également constater une réduction spectaculaire des coûts de main-d'œuvre, conduisant à une amélioration de la performance et de la rentabilité. Parallèlement, de nouveaux secteurs et modèles économiques sont susceptibles de se développer. L'IA permet des avancées autrefois impossibles à imaginer.

Cependant, cette perturbation économique pourrait entraîner des changements importants dans la répartition des richesses. Les grandes entreprises capables d'exploiter l'IA devraient acquérir un pouvoir et une richesse disproportionnés, consolidant ainsi leur emprise sur les marchés. Cela pourrait engendrer davantage d'inégalités financières, car les bénéfices de l'IA sont concentrés entre les mains de certains, tandis que d'autres sont laissés pour compte.

L'essor des industries axées sur l'IA pourrait également créer de nouvelles opportunités de création de richesses, mais ces possibilités ne sont peut-être pas accessibles à tous. Les professionnels hautement qualifiés dans des domaines tels que l'ingénierie logicielle, la science des données et le développement de l'IA devraient voir leurs services devenir plus recherchés, tandis que les employés occupant des postes plus récurrents pourraient également constater l'obsolescence de leurs compétences.

Cette redistribution des richesses et de l'énergie pourrait engendrer des troubles sociaux et exacerber les tensions entre les différents groupes socio-économiques. Il est crucial pour les gouvernements et les agences internationales de s'attaquer à ces disparités en adoptant des politiques garantissant une juste répartition des bénéfices de l'IA. Des réformes fiscales, des filets de protection sociale et des investissements dans l'éducation et l'enseignement pourraient être essentiels pour enrayer le creusement des fractures économiques.

L'IA a la capacité de réguler considérablement le tissu social des sociétés. À mesure que l'IA s'intègre davantage à la vie quotidienne, elle influencera la manière dont les individus interagissent, façonnent leurs relations et participent à la vie sociale et politique. L'impact de l'IA sur ces dynamiques sociales dépendra en grande partie de la manière dont elle sera mise en œuvre et gérée.

L'une des préoccupations les plus pressantes est la capacité de l'IA à exacerber les inégalités sociales actuelles. Si les systèmes d'IA sont développés et déployés selon des méthodes reproduisant les préjugés de leurs créateurs, ils pourraient perpétuer, voire intensifier, les discriminations fondées sur l'origine ethnique, le sexe, le statut socio-économique et d'autres facteurs. Par exemple, les algorithmes d'IA utilisés dans le recrutement, les prêts et l'application de la loi pourraient involontairement accentuer les disparités actuelles en favorisant certaines organisations par rapport à d'autres.

De plus, l'utilisation massive de l'IA devrait modifier les interactions humaines dans la sphère publique. À mesure que les structures d'IA assument des rôles traditionnellement dévolus aux humains — comme les conseillers clientèle, les conseillers sportifs et même les partenaires privés —, les relations humaines pourraient devenir plus transactionnelles et moins privées. Si l'IA se met à évoluer pour moderniser les interactions humaines dans ces domaines, elle pourrait entraîner un isolement social et un déclin de l'engagement communautaire.

Pour résoudre ces problèmes, il sera essentiel de développer des systèmes d'IA transparents, responsables et conçus pour promouvoir le bien commun. Des cadres et des règles éthiques doivent être établis pour garantir que les technologies d'IA servent à réduire, plutôt qu'à amplifier, les inégalités sociales. De plus, des efforts doivent être déployés pour garantir que l'IA ne dégrade pas les liens sociaux, essentiels à une société saine et prospère.

Outre les influences financières et sociales de l'IA, ses conséquences à long terme se feront également sentir dans les domaines de la sous-culture et de la psychologie. À mesure que l'IA devient plus capable de reproduire des comportements humains, voire de créer des œuvres d'art, de la littérature et de la musique, elle peut remettre en question les conceptions traditionnelles de la créativité et de l'identité.

Par exemple, les œuvres d'art et de littérature générées par l'IA soulèvent des questions essentielles sur la paternité et l'originalité. Si un appareil peut créer un tableau ou écrire une œuvre singulière identique à celle d'un artiste humain, à qui appartiennent les droits sur cette œuvre ? Qu'est-ce que cela implique pour la créativité humaine, alors que les machines peuvent produire des œuvres non seulement fonctionnelles, mais aussi esthétiquement attrayantes et émotionnellement porteuses ?

Sur le plan intellectuel, la présence croissante de l'IA dans la vie quotidienne devrait modifier la perception que les individus ont d'eux-mêmes et de leur place dans le monde. Si les systèmes d'IA parviennent à surpasser les humains dans de nombreux domaines, ceux-ci pourraient commencer à remettre en question leurs propres compétences et leur sens des responsabilités. Les humains pourraient également devenir excessivement dépendants de l'IA, ce qui entraînerait une diminution du sens des responsabilités professionnelles et personnelles.

De plus, à mesure que l'IA se perfectionnera, elle pourrait susciter des questions existentielles sur la nature de l'attention et de l'intelligence. Si les machines peuvent présenter des traits humains, notamment la capacité d'apprendre, de s'adapter et de prendre des décisions, elles pourront remettre en question les notions traditionnelles de l'être humain.

L'impact culturel et psychologique de l'IA mériterait d'être examiné avec prudence à mesure que la société évolue. Il serait crucial d'encourager le dialogue sur le rôle de l'IA dans le façonnement de l'identité et de la créativité humaines, tout en veillant à ce que chacun conserve un sens de l'entreprise et de la raison dans un monde de plus en plus influencé par les machines.

Les effets à long terme de l'IA sur la société dépendront en grande partie de la manière dont les technologies d'IA seront gérées. À mesure que les systèmes d'IA gagneront en efficacité et en ampleur, il sera crucial d'établir des règles éthiques et des cadres réglementaires clairs afin de garantir que leur déploiement soit conforme aux valeurs sociétales et aux droits humains.

Les gouvernements, les multinationales et les dirigeants d'entreprise doivent collaborer pour élaborer des réglementations favorisant le développement et l'utilisation responsables de l'IA. Il s'agit notamment de veiller à ce que l'IA soit développée de manière transparente, avec la participation de diverses parties prenantes, et que ses risques potentiels soient soigneusement évalués et atténués.

La gouvernance de l'IA doit également privilégier la protection des droits humains, en veillant à ce que l'IA ne porte pas atteinte aux libertés individuelles ni ne contribue à l'érosion de la démocratie. Cela pourrait également impliquer l'adoption de nouvelles lois et d'accords internationaux visant à modifier l'utilisation de l'IA dans des domaines tels que la surveillance, les programmes militaires et la collecte de données personnelles.

Les conséquences à long terme de l'IA sur la société dépendront des choix que nous ferons aujourd'hui. En accordant la priorité aux préoccupations éthiques et en veillant à ce que l'IA progresse au bénéfice de tous, nous pourrons créer un avenir où l'IA complétera, au lieu de la compromettre, la vie humaine.

8.4. Gouvernance mondiale de l'IA: coopération internationale

L'intelligence artificielle est devenue une force transformatrice d'envergure internationale, transcendant les frontières nationales et influençant les économies, les sociétés et les systèmes de sécurité à l'échelle mondiale. Le développement et le déploiement rapides des technologies d'IA posent des défis complexes qu'aucun pays ne peut relever efficacement seul. Des enjeux tels que les exigences éthiques, la protection, la confidentialité, la responsabilité, les risques de double usage et l'accès équitable nécessitent une gouvernance internationale coordonnée. La coopération mondiale en matière de gouvernance de l'IA est essentielle pour harmoniser les règles, prévenir les oppositions dangereuses, promouvoir une innovation responsable et garantir un partage inclusif et durable des bienfaits de l'IA.

La nature transnationale du développement de l'IA découle de l'interconnexion des infrastructures numériques, de la circulation mondialisée des données et de la dimension internationale des chaînes d'approvisionnement en IA. La recherche, les talents et les capitaux en IA sont répartis sur tous les continents, avec des collaborations et des oppositions simultanées entre gouvernements, agences et universités. Cette dynamique complexifie les stratégies réglementaires unilatérales et souligne la nécessité de cadres multilatéraux qui prennent en compte la diversité des intérêts et des valeurs tout en respectant les normes essentielles.

Un élément essentiel de la gouvernance mondiale de l'IA réside dans l'atténuation des risques liés à sa double utilisation. Les armes autonomes, les technologies de surveillance et les cyber-compétences constituent des menaces pour la sécurité susceptibles de déstabiliser les équilibres géopolitiques ou de violer les droits humains. Sans une coopération efficace, la menace d'une appropriation abusive de l'IA s'intensifie, avec des conséquences profondes pour la paix et l'équilibre mondiaux. Des traités et accords internationaux, similaires à ceux relatifs à la non-prolifération nucléaire ou au contrôle des armes chimiques, sont nécessaires pour établir des normes, des mécanismes de vérification et une responsabilisation pour les programmes d'IA ayant des implications militaires ou de surveillance.

Les considérations éthiques sous-tendent les efforts visant à créer des cadres communs pour la gouvernance de l'IA. Les différentes cultures et systèmes juridiques véhiculent des points de vue différents sur la vie privée, l'équité, la transparence et la dignité humaine. Un dialogue international inclusif est nécessaire pour comprendre les valeurs communes et concilier les différences, garantissant que la gouvernance de l'IA reflète le pluralisme plutôt que d'imposer une vision du monde unique. Des organisations telles que les Nations Unies, l'UNESCO, l'OCDE et des coalitions spécialisées en IA facilitent la construction d'un consensus normatif par le biais de lignes directrices, de concepts et de bonnes pratiques qui guident les réglementations nationales et la conduite des entreprises.

La gouvernance des données est un élément essentiel de la coopération internationale. Les flux d'informations transfrontaliers alimentent les systèmes d'IA, mais suscitent des inquiétudes quant à la souveraineté, la sécurité et la confidentialité. L'établissement de normes interopérables pour la protection des données, l'utilisation éthique et l'accès équitable peut réduire la fragmentation et favoriser une innovation responsable. Les accords sur le partage des données, tout en respectant les politiques nationales, peuvent accélérer les découvertes médicales et répondre aux défis internationaux tels que le changement climatique et les crises de santé publique.

Les dimensions économiques motivent également la coordination de la gouvernance. L'IA stimule la compétitivité dans les secteurs émergents et les marchés du travail. Garantir des pratiques commerciales honnêtes, mettre fin à la domination monopolistique et favoriser le développement des compétences dans les pays en développement sont essentiels à une croissance équitable. La coopération internationale peut favoriser le transfert de technologie, l'éducation et l'investissement, réduisant ainsi la fracture numérique et permettant une participation plus large au sein d'une économie axée sur l'IA.

La mise en œuvre d'une gouvernance mondiale de l'IA se heurte à d'importantes limites. Les rivalités géopolitiques, les divergences de philosophies réglementaires et les préoccupations en matière de souveraineté nationale limitent le consensus. Trouver un équilibre entre protection et ouverture, innovation et précaution, et intérêts commerciaux et impératifs moraux exige des compétences diplomatiques et une compréhension mutuelle. Les mécanismes d'application, de règlement des différends et de suivi de la conformité restent sous-développés.

L'engagement multipartite est essentiel à une gouvernance efficace. Les gouvernements, les acteurs du monde privé, le monde universitaire, la société civile et les communautés techniques apportent tous un savoir-faire et des perspectives uniques. Les plateformes collaboratives permettent la résolution partagée des problèmes, la transparence et la légitimité. Des initiatives telles que le Partenariat mondial sur l'IA (PMIA) illustrent les efforts visant à rapprocher les secteurs et les pays en vue d'un développement responsable de l'IA.

À l'avenir, l'architecture établie d'une solide gouvernance internationale de l'IA comportera des méthodes itératives de dialogue, d'élaboration de normes, de renforcement des capacités et de régulation adaptative. Elle devra rester flexible pour s'adapter aux avancées technologiques et aux nouvelles exigences. Améliorer la connaissance du public et promouvoir la citoyenneté numérique internationale peut permettre aux citoyens du monde entier de participer à l'évolution de l'IA.

La coopération internationale est essentielle pour maîtriser le pouvoir transformateur de l'IA de manière responsable et équitable. Grâce à des engagements partagés, des lignes directrices coordonnées et une mobilisation inclusive, la communauté internationale peut exploiter la capacité de l'IA à faire face aux défis collectifs, à protéger les droits fondamentaux et à promouvoir le développement durable. Naviguer dans ce paysage complexe exige un leadership visionnaire, un renforcement de la confiance et une collaboration soutenue pour que l'IA serve de force à la réalité commune dans un monde interconnecté.

www.ingramcontent.com/pod-product-compliance
Lightning Source LLC
La Vergne TN
LVHW051440050326
832903LV00030BD/3177